PHYSIOLOGIE DE LA PRESSE.

BIOGRAPHIE

DES

JOURNALISTES

ET DES JOURNAUX

DE PARIS ET DE LA PROVINCE.

PARIS.

JULES LAISNÉ, ÉDITEUR, GALERIE VÉRO-DODAT.

AUBERT ET Cie,   LAVIGNE,
Place de la Bourse.   Rue du Paon-Saint-André.

1841

PHYSIOLOGIE DE LA PRESSE,

BIOGRAPHIE

DES

JOURNALISTES

ET DES JOURNAUX

DE PARIS ET DE LA PROVINCE.

PARIS.

JULES LAISNÉ, ÉDITEUR, GALERIE VÉRO-DODAT,

AUBERT ET Cⁱᵉ,   LAVIGNE,

Place de la Bourse.   Rue du Paon-Saint-André.

1841

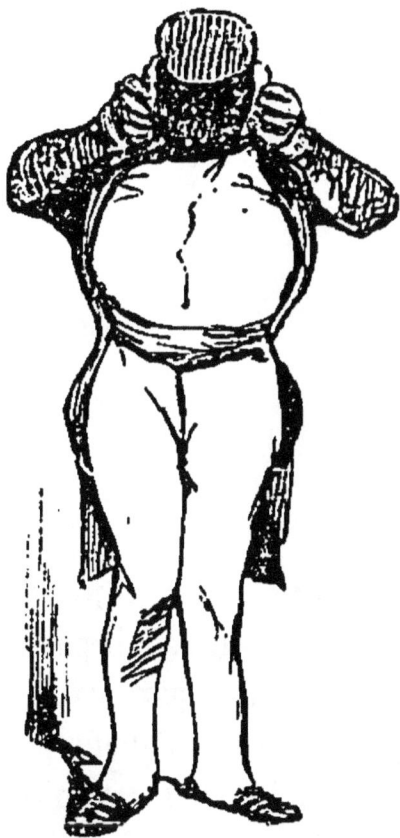

Imprimerie de Ve Dondey-Dupré, rue St-Louis, 46, au Marais.

Le journalisme est aujourd'hui une puissance établie. Tout se fait par les journaux, et rien ne se fait que par eux. La presse, à tort ou à raison, nous n'avons pas la prétention d'examiner ici cette grave question, est l'arche sainte à laquelle on ne peut toucher sous peine de sacrilége national; ce sont les journalistes qui disent ces choses-là tous les matins.

Bien plus, le journalisme tel qu'il est organisé par la force des choses, n'est pas seulement un quatrième pouvoir dans l'état, il est le plus puissant et le plus influent de tous les pouvoirs, et il menace d'absorber les trois autres, déjà passablement amoindris.

Les ministres craignent les journaux, les députés se mettent à genoux devant les journalistes, les hommes en place redoutent par dessus tout les attaques de ce qu'on est convenu d'appeler les organes de l'opinion publique, lesquels organes ne sont le plus souvent que l'expression d'une coterie ou d'une rancune personnelle.

Le journalisme, qui exerce une si grande influence sur la destinée des choses contemporaines, et qui est la nouvelle croyance du siècle, est-il desservi par des ministres dont la moralité et la capacité soient hautement reconnues? Les jugements que portent les journalistes sur un fait ou sur un homme, jugements qui font le tour de la France en quarante-huit heures, sont-ils toujours dictés d'après des règles inflexibles et une manière de voir bien arrêtée? et enfin est-il permis de connaître la vie et les actes des desservants de cette idole abstractive appelée la presse?

Rien n'est moral comme un de ces chiffons de papier qui s'intitulent organes de l'opinion publique. La vertu y est toujours louée, le vice flagellé sans miséricorde. Les journalistes vus de loin ressemblent à ces sévères Romains qui mouraient tranquillement sur leurs chaises curules sans se laisser émouvoir par le débordement des barbares. Les journalistes, s'ils étaient jugés d'après leurs phrases de chaque jour, seraient les seuls qui auraient résisté à la contagion générale. Un jeune sauvage de l'Amérique du Sud, jeté tout d'un coup en Europe, pourrait croire que la vertu s'est réfugiée dans le cœur des candides apôtres de la presse.

Chose étrange! qu'un homme mette sa pensée dans un livre, qu'il fasse tirer ce livre à des milliers d'exemplaires et le répande dans toute la France, cet homme ne sera pas connu, fût-il un écrivain de génie, si la presse ne veut pas se donner la peine de parler de lui et de son livre ; le public passera indifférent auprès du volume que n'auront pas prôné les trompettes du journalisme, et il se précipitera sur une mauvaise publication sans esprit et sans style dont trois ou quatre feuilles de papier nées d'hier auront dit du bien. *Le journal l'a dit!* cela répond à tout, et l'on ne sait pas que le journal, la plupart du temps, signifie un monsieur qui peut avoir du talent et de la bonne foi, mais qui le plus souvent n'a ni l'un ni l'autre.

Mais nous nous laissons entraîner beaucoup plus loin que nous ne voulions, et d'ailleurs il faut bien se convaincre de ceci, c'est que quand bien même on prouverait par l'arithmétique à toute la France qu'elle a tort de croire aveuglément aux journaux et aux journalistes, cela ne l'empêcherait pas d'y ajouter la même foi après qu'avant. On a sauté hier, on sautera demain. Les moutons de Panurge se sont considérablement multipliés depuis Rabelais.

Nous livrons donc au public cette petite

Biographie, qui n'a été écrite sous l'influence d'aucune coterie ni d'aucun esprit de parti. Tous les noms ont passé devant nous, et au bas de chaque nom nous avons inscrit ce que nous savions.— Voilà tout.

LE MONITEUR UNIVEBSEL.

Inflexible comme le destin, il enregistre avec le même sang-froid les actes de tous les gouvernements qui se sont succédé depuis quarante ans. Le *Moniteur* n'est pas un journal de discussion, c'est un poteau sur lequel les ministéres placardent les actes officiels. Cependant le *Moniteur* a une partie littéraire.

Ernest Pankouke, directeur, fils de M. Pankouke le fameux libraire dont la fortune est colossale; il a remplacé M. Sauvo, qui gérait le *Moniteur* depuis la fondation de ce journal, et qui a pris sa retraite.

A. Grün, rédacteur en chef, ancien rédacteur du *Journal général de France* à l'époque où ce journal était doctrinaire. M. Grün a obtenu l'agréable sinécure de la rédaction du *Moniteur* par l'entremise de M. Guizot. Le rédacteur en chef du *Moniteur* n'a absolument qu'une seule chose à faire, c'est de veiller à ce qu'on ne glisse pas d'article dans le journal. Cette position rapporte

8,000 francs par an et la croix d'honneur ; ce sont des invalides politiques d'autant plus enviées qu'elles ne sont pas soumises aux éventualités des chutes ministérielles et même des changements de dynastie et de gouvernement. M. Sauvo avait vu l'assemblée constituante, l'assemblée législative, la convention nationale, le directoire exécutif, le consulat, l'empire, la restauration, le gouvernement de juillet. Le rédacteur en chef du *Moniteur* continuerait à rédiger les mains dans ses poches sur les débris de l'univers au jour du jugement dernier. Il est l'homme d'Horace :

Impavidum ferient ruinæ.

M. **Sauvage**, feuilletonniste, ancien directeur de l'Odéon, vaudevilliste et faiseur d'opéras-comiques ; il travaillait au *Journal général de France* du temps de M. Grün. M. Grün a fait cadeau de M. Sauvage à la feuille officielle. M. Sauvage est un vieillard qui écrit comme un enfant.

Comme personne ne s'abonne au *Moniteur universel*, il est à peu près inutile d'ajouter que ce grand journal coûte 120 fr. par an.

—

JOURNAL DES DÉBATS.

Le *Journal des Débats* est la plus grosse pièce de l'artillerie périodique; c'est le mortier monstre avec lequel le gouvernement mitraille les partis. Cette feuille n'appartient pas, comme on le dit quelquefois, à tous les cabinets qui arrivent; elle n'a jamais été, au contraire, inféodée à une administration. Elle laisse aux petits journaux qui ne doivent vivre qu'un jour la faculté de se vendre ou de se donner à des excellences essentiellement transitoires. Le *Journal des Débats* se prête aux ministères et ne se donne qu'aux dynasties; ce procédé est des plus habiles. Le *Journal des Débats* n'obéit pas servilement au cabinet qu'il soutient comme un vulgaire journal ministériel: bien loin de là, il prend vis-à-vis du ministère le rôle de protecteur, et il lui arrive même quelquefois, pour faire preuve d'une certaine indépendance, de contrecarrer un projet ou une idée émise par un ministre ; lorsqu'il agit ainsi, il n'est souvent, il faut le dire, que l'expression d'une pensée irresponsable qui ne peut constitutionnellement se mêler aux agitations de la polémique.

Le *Journal des Débats* peut être considéré à bon droit comme le marche-pied de tous les honneurs et l'antichambre de toutes les places. Un journaliste des *Débats* est une véritable puissance ; il a ses grandes et ses petites entrées dans les cabinets des ministres, et il profite ordinairement de son intimité avec les personnages considérables qu'il peut voir chaque matin pour en obtenir ce qu'il veut. Aussi les portes du conseil d'état, de la chambre des députés et même de la chambre des pairs lui sont-elles ouvertes à deux battants. Règle générale, le journaliste des *Débats* est chevalier ou officier de la Légion-d'Honneur et pourvu de quelques grasses sinécures...

Le *Journal des Débats* a principalement pour abonnés les hauts fonctionnaires, les grands propriétaires et toute cette aristocratie de la finance intronisée par la révolution de 1830. Son format est le plus grand de tous les journaux français.

Il faut dire, pour être juste, qu'il n'existe aucune feuille périodique dont la rédaction soit plus soignée, et plus considérable sous le rapport du

personnel. Le *Journal des Débats* paye grassement
ses rédacteurs, et il est le seul journal qui puisse
faire d'aussi grands sacrifices, parce qu'il est le
seul qui réalise des bénéfices aussi énormes. Sa
page d'annonces rapporte assure-t-on trois cent
mille francs par an.

La politique du *Journal des Débats* n'a pas la
prétention d'être une et absolue. Ce journal ne
poursuit aucun autre but que le maintien de ce
qui existe ; il est le défenseur du présent ; le passé
lui importe peu, et il ne s'embarrasse que médiocrement de l'avenir. Il laisse passer sans se décon-
certer les plans de réforme, les théories auda-
cieuses et les rêves d'améliorations sociales ; il suit
doucement la pente des événements, et sait mieux
qu'aucun autre organe se retourner à temps. C'est
lui qui a donné la définition de la théorie des
conversions ménagées ; il se tient autant que possible entre la limite des idées et des opinions ex-
trêmes, et attend presque toujours l'issue des cir-
constances pour prendre parti. Quand ce journal
attaque un ministère, c'est que ce ministère ne tar-
dera pas à tomber ; s'il se prend corps à corps avec
une dynastie, c'est que le trône chancelle et que la
dernière heure s'avance. Les citoyens se lèvent, le
canon gronde, le pèlerinage d'Holy-Rood s'accom-
plit, et le lendemain de la victoire le *Journal des
Débats*, qui a sonné le dernier le glas funèbre, est

le premier à entonner le *Te Deum* en faveur du
gouvernement qui se lève :

Comme il sonna la charge, il sonne la victoire.

PERSONNEL DE LA RÉDACTION.

Rédacteur en chef. Le sceptre de la rédaction
en chef a été tenu pendant plus de trente ans par
M. Bertin l'aîné, qu'on appelait le *Warwick* de la
rue des Prêtres, parce qu'il faisait ou défaisait les
rois à sa volonté. M. Bertin l'aîné, qui menait les
cabinets, n'a jamais voulu aucune place ni aucune dignité; il s'est contenté de faire son frère
pair de France, et de placer convenablement ses
neveux et ses petits-cousins. Quant à lui, il n'a
jamais quitté la feuille qu'il avait fondée, et il
est mort ces jours derniers, après avoir renversé
et consolidé bien des ministères du fond de son
cabinet de la rue des Prêtres. M. Bertin l'aîné tenait parfaitement sa place de rédacteur en chef;
il n'écrivait jamais, mais il donnait à ses rédacteurs les sujets d'articles. M. Bertin l'aîné était
fort souvent reçu chez le chef de l'état, avec lequel
il avait de longues conversations.

Armand Bertin, *rédacteur en chef actuel.* Elevé
à l'école de son père, il n'écrit pas non plus; il
donne le sujet de l'article après avoir causé avec

les ministres, qu'il voit chaque jour dans leurs cabinets ou aux soirées politiques. Le journal n'est jamais tiré avant que M. Armand Bertin n'ait parcouru dans toute sa longueur la dernière épreuve. M. Armand Bertin, simple rédacteur d'un journal, exerce une influence plus grande qu'aucun député ou pair de France ; ses désirs sont des ordres pour les ministres et les hauts fonctionnaires.

Saint-Marc-Girardin, ancien professeur de rhétorique au collége Henri IV. C'est un des principaux rédacteurs du journal, auquel il a surtout beaucoup travaillé dans les premières années du gouvernement de juillet. Aujourd'hui M. Saint-Marc-Girardin traite plus spécialement la question étrangère et les grands articles de doctrine. Polémiste abondant et spirituel, il a décoché avec une verve intarissable ses traits épigrammatiques contre toutes les feuilles des partis opposés. Lui seul avait le secret de faire bondir Armand Carrel, lorsqu'il répondait au journaliste du *National,* qui voulait discuter sérieusement, par des plaisanteries mordantes et de caustiques boutades. Esprit voltairien, il transportait quelquefois dans les colonnes de la polémique le faire débraillé du feuilleton de Jules Janin. M. Saint-Marc-Girardin travaille aussi à la partie littéraire *des Débats,* et son nom figure souvent au bas de l'article *variétés.*

Il a été député, il est officier de la Légion-d'Honneur, membre du conseil royal de l'instruction publique, professeur de littérature française à la Sorbonne, conseiller d'état, etc., etc. (Voir, pour de plus amples détails, la Biographie des gens de lettres.)

De Sacy, collaborateur actif. C'est lui qui traite principalement la politique-intérieure. Il est très-influent; décoré et bibliothécaire en chef de la bibliothèque Mazarine. Lorsqu'on songe que M. de Sacy se contente d'un banal ruban et d'une simple sinécure, et qu'il n'a qu'à étendre la main pour choisir les dignités et les meilleurs emplois, on est presque tenté de faire l'éloge de son désintéressement.

Michel Chevalier, ancien élève de l'école Polytechnique, ancien ingénieur, ancien apôtre saint-simonien; il a porté la jaquette bleue et le gilet symbolique, et on a pu le voir traîner la brouette à Ménilmontant, pendant la retraite de la famille saint-simonienne. Condamné à six mois de prison avec le père Enfantin et Charles Duveyrier, il reçut du gouvernement, à l'expiration de sa peine, une mission pour l'Amérique du Nord; de retour en France, il fut admis aux *Débats*, où il s'occupe surtout de la question de l'industrie; il fait aussi des articles de fond sur la politique courante. Décoré, conseiller d'état, professeur d'économie politique au collége de France; très-influent.

Jules Maurel, fondateur de la *Gazette musicale*, transfuge du *Constitutionnel*. Il a quitté, il y a quelques années, la rue Montmartre pour la rue des Prêtres. Il a laissé la politique centre gauche pour la politique du gouvernement personnel, la cornemuse du tiers-parti pour le clairon ministériel; c'est une espèce d'homme à tout faire : il s'occupe spécialement des articles de compte rendu des séances parlementaires pendant la session; mais il *tartine* sur tous les sujets; l'intérieur et l'extérieur passent par ses mains : c'est un véritable journaliste dans toute l'acception du mot. Il est toujours disposé à écrire, quels que soient l'heure et le sujet à traiter; il écrit sur le bout d'une table, sur ses genoux, sur son chapeau; il écrirait sur son pouce, s'il le fallait. C'est un rédacteur très-utile; il n'est pas encore décoré.

Xavier Raymond, ancien rédacteur du *Temps* et du *Commerce*, pour la partie littéraire; ancien saint-simonien, qui a fait, dans le *Globe* de 1832, des articles qui ont été fort remarqués. Il fait aux *Débats* un petit bout de la politique étrangère. L'Orient lui appartient; il a voyagé dans ce pays,

et a traité la question d'une manière exacte et
spéciale; non décoré.

Adolphe Guérout, ancien rédacteur du *Temps*,
pour la partie littéraire; ancien saint-simonien,
qui n'a jamais porté la jacquette; il s'est pru-
demment retiré de la famille apostolique au moment opportun, c'est-à-dire lorsque les fonds al-
laient manquer. Il a été envoyé en Espagne par
le *Journal des Débats*, et a expédié de Madrid des
articles très-lourds, dépourvus d'originalité. On
cite pourtant de lui un mot assez spirituel, ce qui
m'étonne. Il faisait la cour à une femme de lettres très-connue par ses nombreuses galanteries :
« Monsieur, lui dit cette dame, à laquelle il ne
plaisait que médiocrement, vous êtes le dernier
homme à qui j'aurai affaire. — Très-bien, madame, répondit le journaliste, j'attendrai. »
M. Guérout traite quelquefois dans les *Débats*
la question espagnole; mais on le laisse rarement
aborder la politique; il a au plus haut degré la
prétention d'être un homme sérieux. Il n'a aucune
espèce de ruban à sa boutonnière.

Philarète Chasles, homme d'esprit, critique de
talent, qui n'a que le défaut d'avoir un insatiable
besoin d'argent. Il n'écrit guère que des articles
variétés. Ses jugements sont fort estimés du pu-

blic et de ses confrères. Décoré, bibliothécaire quelque part, professeur d'une langue quelconque au collége de France ou à la Sorbonne. Il ne fait pas son cours, mais il touche très-exactement ses appointements.

Jules Janin. Celui-là est la grosse caisse du journal, et quelle grosse caisse! Il jette tous les lundis en pâture aux abonnés un immense feuilleton de douze colonnes. Écrivain spirituel, plein de malice et de mauvaise foi, il joue avec ses phrases, et quelles phrases ! comme un jongleur avec ses boules de cuivre. C'est l'ennemi intime des dramaturges, qu'il *éreinte*, et des vaudevillistes, qu'il *échine* hebdomadairement. Il ne travaille qu'au feuilleton, mais cet immense feuilleton, qui ferait un gros volume in-8°, il le compose en quelques heures au milieu du bruit, de ses amis qui chantent, fument et causent autour de lui. Sa phrase se dévide sous sa plume comme un peloton de fil. Dans son compte rendu de théâtres, il parle de tout, excepté des pièces représentées; les acteurs le saluent jusqu'à terre, et les actrices lui envoient de temps en temps d'agréables *souvenirs*. Il travaillait autrefois à la *Quotidienne*, et affectait des tendances légitimistes; mais il a mis son ancien drapeau dans sa poche, et ne s'occupe plus qu'à danser sans

balancier sur la corde roide de sa phrase à pail-
lettes. Il se pose devant le public comme un bon
garçon, gros et gras et très-jovial ; le fait est qu'il
est très-gros et très-gras, mais malgré le bonnet de
coton dont son chef est presque toujours orné, il
est moins bon garçon qu'il n'en a l'air. C'est un
faux bonhomme qui a plus de méchanceté que de
malice, et plus d'esprit que de malice et de méchanceté, ce qui n'est pas peu dire. M. Jules Janin
est décoré de l'ordre de la Légion-d'Honneur et de
celui du Nischam ; de plus il est prince italien et
caporal de la garde nationale. M. Janin vient de se
marier ; nous lui souhaitons beaucoup d'enfants!
(Voir, pour de plus amples détails, la Biographie
des gens de lettres.)

Antoine de la Tour. Il sort de l'Université,
fait des articles *variétés ;* précepteur des princes.

Théodore Benazet. Homme de talent, fort
embarrassé de son nom, qui sonne mal dans la
politique. — C'est le fils du fermier des jeux, qui
exploite le duché de Baden depuis que la pudeur
de nos représentants a banni la roulette et le
trente et quarante. M. Théodore Benazet fait des
articles *variétés*, et met quelquefois la main à la
pâte politique. Il s'est présenté il y a trois ans
comme candidat au collége électoral de Saint-

Denis, où il a échoué, malgré l'appui du journal dont il est l'un des collaborateurs. Je ne sais pas au juste s'il est décoré, mais à coup sûr il le sera s'il ne l'est pas déjà.

Cuvellier Fleury, autre précepteur des princes. C'est lui, assure-t-on, qui recueille la pensée d'un illustre personnage et est chargé de la traduire en articles. Travaille aussi à l'article *variétés.*

Tinski, capitaine polonais, qui faisait *les faits Paris* (voir à la fin du volume la signification de ce terme) au *Messager* quand le *Messager* appartenait à M. de Walenski. Il remplit aujourd'hui la même besogne aux *Débats*. Pendant la session il est chargé de s'informer auprès des députés du travail des bureaux. C'est un homme actif, qui passerait par le trou d'une aiguille et qui connaît tous les cancans politiques; il court, va et vient en tous sens, arrête un député par le bras, en saisit un autre par la basque de son habit, se glisse auprès d'un ministre et ne s'en va que lorsqu'il a sa provision de nouvelles, qu'il se dépêche d'aller porter au bureau du journal. Chaque nouvelle lui est payée à raison de cinq sous la ligne. Le capitaine Tinski ne possède pas parfaitement le français, mais il a quelqu'un qui *blanchit* ses articles et donne le dernier coup de plumeau à son style barbare.

Frédéric Soulié fait le feuilleton. (Voir la Biographie des gens de lettres.)

Eugène Sue, l'auteur des romans maritimes, grand seigneur bourgeois. Un jour M. le prince de Léon lui demandait avec aménité pourquoi il ne venait pas le voir. — Je ne fais jamais de visites, prince, répondit M. Sue. — Ah ! lui riposta tout doucement M. de Léon ; alors vous ne faites pas comme monsieur votre père, qui en faisait beaucoup, et les faisait payer très-cher. Le père de M. Sue était médecin. M. Eugène Sue fait le feuilleton de romans. (Voir la Biographie des gens de lettres.)

Charles de Bernard fait le feuilleton de romans. (Voir la Biographie des gens de lettres.)

Lemoine. Jeune homme de talent qui débute. C'est lui qui a écrit dernièrement les lettres sur les élections d'Angleterre. Le *Journal des Débats* l'avait envoyé à Londres à cet effet.

Delécluze. Fait les critiques d'art. Vieux bonhomme qui radotte quelquefois. Décoré.

Le *Journal des Débats* a encore quelques rédacteurs littéraires dont les noms apparaissent de loin en loin dans ses gigantesques colonnes, tels

que MM. de Xivry, A. Donné, etc., etc. ; mais le
lecteur les retrouvera dans la Biographie des gens
de lettres.

—

LE SIÈCLE.

Cette feuille fit, avec la *Presse*, révolution dans
le journalisme, en réduisant à 40 francs le prix
de l'abonnement annuel. Le *Siècle* fut fondé dans
une intention toute commerciale ; mais dans le com-
mencement il s'était posé comme l'un des organes
du *radicalisme*, et par conséquent comme le rival
du *National*. Ce fut la ligne politique qu'il suivit
tant qu'il eut pour rédacteur en chef M. Guillemot, qui depuis... mais alors M. Guillemot n'a-
vait pas encore changé sa carmagnole pour le frac
napoléonien du *Capitole*, qu'il abandonna aussi
plus tard pour l'habit brodé de secrétaire de
M. Humann, le ministre des finances. Lorsque
M. Guillemot en eut délaissé la direction, le
Siècle, sous la plume de M. Chambolle, se *Bar-
rotisa* et vint se confondre dans les nuances du
Courrier Français et du *Constitutionnel*. Aujour-
d'hui, c'est un journal centre gauche, qui pousse
de toutes ses forces M. Barrot au ministère, et qui
fait, ainsi qu'il l'avoue quelquefois naïvement, de

l'opposition dans la perspective du pouvoir. Depuis que M. Chambolle est à la tête du *Siècle*, ce journal a remplacé avec avantage l'ancien *Constitutionnel*; il à pris à l'organe du vieux libéralisme ses instincts épiciers et sa politique terre à terre. Le *Siècle* est le tabernacle du *chauvinisme*, l'arche sainte de la *prêtrophobie*. A l'époque du ministère du 1er mars, comme le *Siècle* ne pouvait critiquer les actes d'une administration dont M. Thiers était le chef sous l'innocent patronage de M. Barrot, il faisait à chaque renouvellement d'abonnements d'immenses *tartines* contre le parti prêtre et les empiétements du clergé, pour avoir l'air de ne pas abdiquer son indépendance. Le *Siècle*, malgré ses trente mille abonnés, qu'il doit bien plus à son feuilleton qu'à sa lourde politique, n'a qu'une très-mince importance relative. Il pèse moins dans la balance du journalisme que le *Constitutionnel*, qui tire à six mille, et même le *Courrier Français*, qui n'a pas plus de quatre mille abonnés.

Le *Siècle* a un personnel de rédacteurs excessivement limité. Ce journal n'a pas, comme les *Débats*, des hommes spéciaux pour chaque question. Là c'est un seul rédacteur qui fait tout ou à peu près tout dans la partie politique. La cause de cette unité multiple est dans la mauvaise administration du journal; les actionnaires allouent une somme de..... pour le traitement du rédacteur en chef; ils lui payent en outre tous ses articles à part; de sorte que l'intérêt du rédacteur en chef est de tout faire et de ne permettre à personne de pénétrer dans la rédaction. De cette façon on n'a qu'un journal médiocre, parce que c'est un seul homme qui traite tous les sujets, et cet homme, fût-il une encyclopédie vivante, ne pourrait suffire à une telle besogne, à plus forte raison lorsque cette encyclopédie s'appelle M. Chambolle.

PERSONNEL DE LA RÉDACTION.

M. Chambolle, rédacteur en chef. Il a commencé par écrire dans le *National* des articles terribles où il démolissait chaque matin toutes les institutions constitutionnelles. A l'époque où les lois de septembre n'existaient pas encore, et où il était permis d'exprimer publiquement son opinion sur telle ou telle forme de gouvernement, M. Chambolle se disait républicain, et Armand Carrel était quelquefois forcé de modérer la fougue de l'inexpérimenté néophyte. Devenu souverain du *Siècle*, M. Chambolle mit son bonnet rouge dans sa poche et arbora un oriflamme plus parlementaire. Il fit fort bon marché de ses anciennes idées, et combattit avec toute l'ardeur

d'un converti ses principes radicaux. Si M. Chambolle attaque violemment tous les ministres, il faut avouer en revanche qu'il casse chaque jour l'encensoir sur le nez de ce placide M. Barrot, qui ne s'en plaint pas. Aux yeux de M. Chambolle, le chef de la gauche est quelque chose de plus que la vingt-quatrième incarnation de Wisnou. Si le peuple a faim, c'est parce que M. Barrot n'est pas président du conseil; si l'argent est rare, c'est parce que la gauche n'est pas au pouvoir. Tels sont les arguments habituels que sert à ses abonnés le maître Jacques de la politique de cette feuille. M. Chambolle, ainsi que nous l'avons déjà dit, s'occupe des questions de l'intérieur et de l'étranger ; il mène de front les articles d'économie politique et les cancans de coulisses, les affaires administratives et la question d'Orient : rien n'est étranger à M. Chambolle, et sur toutes ces questions il a le rare talent de reproduire depuis quatre ans le même article orné des mêmes idées et saupoudré des mêmes phrases. On assure que M. Chambolle a été remplaçant dans un régiment de ligne. Aujourd'hui il est député et siége à gauche au banc de M. Barrot.

O. Barrot écrit aussi au *Siècle*, mais en qualité d'amateur, c'est-à-dire qu'on ne lui paye pas ses articles. M. Barrot n'écrit du reste que très-rarement, lorsqu'il a une idée, et chacun sait que les idées n'étouffent pas M. Odilon Barrot.

Ferdinand Barrot, avocat, frère d'Odilon, fait quelquefois des articles de jurisprudence.

Anselme Petétin, ancien rédacteur du *Censeur* de Lyon, dans lequel il a écrit des articles très-remarquables dans les premiers temps de la révolution de juillet. A son lit de mort, Carrel avait désigné M. Petétin comme son successeur; mais les lieutenants du parti se partagèrent l'empire d'Alexandre, à l'exclusion de l'héritier présomptif, qui fut obligé d'aller frapper à la porte des organes constitutionnels : il fait dans le *Siècle*, mais très-rarement, des articles d'économie politique et sociale.

Cauchois-Lemaire. Il a débuté sous la restauration, où il fit du bruit. Il fut l'un des principaux soutiens du fameux *Nain jaune;* il écrivait aussi avec un grand succès dans le *Libéral de Bruxelles;* il a donné des articles dans les *Lettres normandes*, dans la *Minerve*, dans le *Mercure du dix-neuvième siècle*, et il a rédigé, il y a quinze ans, la politique du *Constitutionnel*. Il n'écrit plus au *Siècle* que de loin en loin. Pendant deux ans il a fait dans ce journal des lettres hebdomadaires dont le succès n'a pas été bril-

lant. M. Cauchois-Lemaire, ancien libéral pur
sang, a fait sa paix avec le pouvoir; son purita-
nisme s'est laissé attendrir par les minauderies
du 1er mars.

Louis Desnoyers, rédacteur en chef de la partie littéraire du journal, ancien clerc d'avoué, qui
fit un jour une bluette intitulée *les Béotiens*,
et publiée dans le livre des *Cent-et-Un*. M. Louis
Desnoyers, qui passe à bon droit pour l'un des
hommes les plus paresseux de la littérature, et
qui, à l'exception de quelques articles pour le
Charivari et la *Caricature*, n'a jamais rien fait
depuis ses *Béotiens*, vit aujourd'hui sur sa réputation d'homme d'esprit, et s'endort nonchalam-
ment dans les délices de sa sinécure, qui lui
rapporte dix mille francs par an. M. Chambolle
et M. Desnoyers se partagent l'empire du *Siècle*;
l'un règne au premier étage, l'autre au rez-de-
chaussée; si M. Chambolle est le sultan de la politique, M. Desnoyers est le satrape du feuilleton,
où il brille surtout par son absence complète; car
M. Desnoyers a suivi un système tout opposé à celui de M. Chambolle. M. Chambolle n'est pas un
roi constitutionnel qui se repose sur ses ministres
du fardeau des affaires, M. Chambolle fait tout;
mais M. Desnoyers ne fait rien; c'est un de ces
princes fainéants qui se contentent d'une grosse

liste civile et s'inquiètent peu du reste. On a
peine à se rendre compte de la position de rédacteur *in partibus* qu'occupe M. Desnoyers.
Cela prouve en faveur de son habileté. Ajoutons,
à la louange des deux monarques du *Siècle*, que
la plus touchante cordialité n'a jamais cessé de
régner entre le premier Paris et le feuilleton. On
pourrait dire d'eux comme de Louis et de Car-
loman :

> Le trône, qui jamais ne souffrit de partage,
> Les vit régner tous deux, et régner sans ombrage.

(Voir la Biographie des gens de lettres.)

Perrée, gérant actuel, qui a succédé à M. Dutacq, lequel menace à son tour de succéder à
M. Perrée. M. Perrée se permet quelquefois le petit article littéraire; il a une plaisanterie légère
comme plusieurs kilogrammes.

De Fienne. Il a succédé, dans le compte rendu
des feuilletons de théâtre, à M. Bergeron, aujourd'hui à Sainte-Pélagie pour avoir donné un
soufflet à M. Émile de Girardin en plein Opéra.
M. Bergeron, qui avait comparu en 1831 devant
le jury de la Seine, comme prévenu d'avoir tiré
un coup de pistolet sur le roi, au pont Royal, signait ses articles du pseudonyme de Émile Pages,
M. De Fienne, qui est beau-frère de M. Perrée,
signe les siens du nom de Charles de Matharel.

Hippolyte Lucas, critique un peu banal, qui loue toujours, probablement pour faire compensation à ceux qui blâment sans cesse. Il a publié un roman intitulé *l'Inconstance*, où l'on remarquait différentes qualités de style. Il écrit à peu près partout. Il ne s'occupe au *Siècle* que d'articles bibliographiques et de feuilletons lyriques. M. Lucas, qui juge en dernier ressort dans son journal du mérite des opéras, ne sait pas un mot de musique; ses comptes-rendus n'en sont pas meilleurs. Il porte des gants de filoselle.

Martinet. *Il fait le journal.* Dans l'argot du journalisme, on entend par faire le journal, arranger les faits, classer les articles, couper les nouvelles, etc., etc.; faire en un mot la partie matérielle.

Pierre Durand. (Voir Eugène Guinot, au *Courrier français.*)

Le *Siècle* a une rédaction littéraire très-nombreuse; mais comme tous les rédacteurs de ce journal pour la littérature écrivent aussi dans les autres journaux et recueils périodiques, nous en parlerons dans la Biographie des gens de lettres, où ils trouveront naturellement leur place.

LE CONSTITUTIONNEL.

C'est le bélier qui a battu en brèche la restauration et a fini par la renverser. Le *Constitutionnel*, qui s'appelait d'abord le *Journal du Commerce*, est célèbre pour son opposition violente au gouvernement déchu, sa guerre contre les jésuites, sa haine contre le clergé, et son immense succès. Les actionnaires de ce journal ont réalisé des bénéfices énormes. Une action dont la mise à prix a été de 5,000 francs se vend aujourd'hui au prix de cinquante mille écus. Le *Constitutionnel* a été sous la restauration l'organe de l'opposition de quinze ans, composée du parti libéral, des restes éparpillés de l'opinion napoléonienne et des mécontents, qui ne formaient pas la fraction la moins nombreuse; il était à cette époque le journal le plus avancé dans les idées et le plus décidé dans les allures. Depuis 1830 il a fait aux différentes administrations une guerre très-modérée, et il a été ministériel sous les ministères du 22 février et du 1er mars. Dans les premières années de la révolution de juillet, le patriarche de la rue Montmartre passa par les verges des petits journaux, dont les sarcasmes et les charges caricaturales ne contribuèrent pas peu à amener,

cet immense désabonnement devenu proverbial.
Il eut même la gloire de se voir traîner sur les
tréteaux dramatiques par les Aristophanes du vaudeville, aux grands applaudissements des Athé-
niens du boulevard. Le *Constitutionnel* résista à
toutes ces attaques ; vers 1830 il comptait vingt-
trois mille abonnés ; aujourd'hui il tire à six mille
numéros. C'est pour M. Thiers que le *Constitutionnel* combat à l'heure qu'il est ; M. Thiers est le
ministre de son cœur, comme il dit dans ses
moments d'épanchements. M. Thiers n'a pas toujours été le ministre de prédilection du *Constitutionnel*, qui il y a six ans au plus se gonflait
les joues et s'enrouait à crier contre cet homme
d'état. Mais la haine des journalistes ne tient
pas plus que leur amitié. D'ailleurs M. Thiers
est devenu actionnaire du journal, et à ce titre il
a bien droit aux éloges et aux dividendes du
Constitutionnel.

En littérature, ce journal rompt des lances
pour *les saines doctrines*. Selon lui, ce sont
les romantiques qui sont la cause de tous les mal-
heurs publics. Il *fouaille* M. Hugo et met M. de
Jouy sur un piédestal.

PERSONNEL DE LA RÉDACTION.

Charles Reybaud, *rédacteur en chef*; ancien

journaliste de département, qui rédigeait à Angers le *Précurseur de l'Ouest*. Il écrit beaucoup, sa place n'est pas une sinécure; il n'y a rien à dire de lui, sinon qu'il passe pour aimer le jeu, le vin, les belles, voilà ses seules amours.

Boïlay, mamelouk de M. Thiers, dont il daguerréotype les articles. M. Boïlay allait tous les matins chez M. Thiers, qui causait avec lui sur l'article à faire pour le lendemain. Il a refusé une préfecture sous le ministère du 1er mars. Il espérait probablement mieux. Depuis quelques jours M. Boïlay a fait volte-face à son parti; il vient de lancer une brochure contre son protecteur M. Thiers. On assure que M. Boïlay va être nommé conseiller référendaire à la cour des comptes. Il est décoré.

Rosew-St-Hilaire, qu'il ne faut pas confondre avec M. Marco de ce nom, a longtemps écrit au *Constitutionnel* à l'époque du désabonnement. C'est aussi un fidèle du tiers parti et un fanatique de M. Thiers; il est l'auteur d'une histoire d'Espagne assez estimée; il professe à la Sorbonne.

Etienne fils, député, donne quelquefois des articles; son père a été pendant toute la restauration la plus ferme colonne du journal. C'est sous les traits de M. Etienne père que le *Constitutionnel* était représenté dans les caricatures des petits journaux. M. Etienne père, auteur de *Joconde* et des *Deux Gendres*, membre de l'Académie Française, ancien député, pair de France actionnaire du *Constitutionnel*, est un exemple de la puissance du journalisme dans un gouvernement parlementaire. Voici aujourd'hui comment M. Etienne père partage son temps; il passe la matinée dans les bureaux du *Constitutionnel*, où il lit tous les journaux; la journée à la chambre des pairs, où il dort, et la soirée au café de la Régence, où il joue aux dominos.

Jay, académicien, auteur d'une *Histoire de Richelieu*, de la *Conversion d'un romantique*, des *Ermites en province et en prison*, etc., en collaboration avec M. de Jouy, et de plusieurs autres ouvrages soporifiques; actionnaire du *Constitutionnel*. Il ne fait plus que des feuilletons qu'il a signés *un Voltairien*. Il est le défenseur des classiques et de la vieille école impériale. Pourquoi M. Jay ne se contente-t-il pas de ses invalides littéraires et veut-il encore combattre? Ses coups ne portent plus, son bras manque de force.

Malitourne fait quelquefois des causeries littéraires; homme d'esprit qui est bien avec tout le monde. Ami de M. Romieu, il est de l'école politique des *dineurs*. Secrétaire de la commission pour la liquidation du milliard des émigrés, il a rédigé en 1828 le *Messager des Chambres*, qui appartenait alors au ministère Martignac. M. Malitourne, qui était très-bien avec les ministres de la restauration, est au mieux avec ceux du gouvernement de juillet. Il a rédigé en chef *la Charte de* 1830, journal ministériel qui a commencé à paraître sous l'administration du 6 septembre 1836, et qui s'est fondu depuis dans le *Moniteur parisien*. M. Malitourne n'a pas d'opinion, ou plutôt il a une opinion invariable; il est toujours du côté du pouvoir. M. Malitourne est décoré.

Véron, chevalier de la Légion-d'Honneur, actionnaire du *Constitutionnel,* ancien directeur de l'Académie royale de musique, inventeur de la pâte Raignaud, etc., etc... En avant la musique!... Après avoir gagné quarante mille livres de rente dans le succès de *Robert le Diable,* représenté malgré lui; après avoir en outre trouvé un revenu net de vingt mille francs par an dans le débit de cette innocente pâte Raignaud, approuvée par l'académie de médecine et les réclames à vingt sous la ligne, M. Véron, devenu une puissance métallique, aspira aux honneurs et aux dignités de la politique; il acheta une action du *Constitution-*

nel ! Repoussé de deux colléges, où il s'était présenté comme candidat à la députation, il voulut
se rejeter sur une place convenable. Il intrigua
pour se faire nommer directeur des beaux arts ;
mais il ne fut pas plus heureux auprès du ministre
qu'il ne l'avait été devant les électeurs. Aujour-
d'hui M. Véron sollicite une recette générale ou
tout au moins une préfecture. Le ministère fera
bien de lui accorder l'une ou l'autre, s'il tient tant
soit peu à l'estime du *Constitutionnel.* M. Véron
préfet ne sera pas déplacé dans un chef-lieu de
département ; ce sera Fontanarose devenu administrateur. On parle beaucoup dans le monde des
coulisses de son prochain mariage avec une vierge
de la tribu de Juda. La joie et la pâte Raignaud
sont dans Israël ! ! !

Darthenay fait les feuilletons de théâtres ;
ancien rédacteur en chef du *Cabinet de lecture.*

Mᵐᵉ Charles Reybaud, femme du rédacteur
en chef ; auteur de romans estimés, elle fait des
feuilletons et des articles littéraires.

Louis Reybaud, ancien négociant, frère du rédacteur en chef, homme de talent qui signe R. au
Constitutionnel, et Léon Durocher au *National;*
il fait aussi le petit article méchant pour le *Cor-*

saire et la tartine sociale pour la *Revue des Deux-Mondes.* Il est l'auteur des Études sur les réformateurs modernes, ouvrage couronné par l'Académie Française. Pourriez-vous me dire quelle est l'opinion de M. Louis Reybaud, s'il vous plaît?

LE NATIONAL.

C'est le seul organe quotidien du radicalisme. Les lois de septembre lui interdisent de se déclarer ouvertement républicain; mais la tendance de ses idées n'est un secret pour personne. Ce journal, fondé par MM. Thiers et Mignet lorsqu'ils quittèrent le *Constitutionnel,* reçut un nouveau lustre en passant dans les mains d'Armand Carrel. A cette époque la vigueur de sa polémique, la force et la hauteur de sa discussion, avaient placé le *National* sur la première ligne du journalisme européen. Lorsque la *Tribune* marchait sur les traces des feuilles hébertistes, lui se tenait toujours, quoique ferme et menaçant, dans une voie plus raisonnable et plus honnête. A la mort de Carrel, MM. Thomas et Bastide prirent les rênes de l'administration et de la rédaction. La ligne du *National* fut toujours la même : ce furent les mêmes principes, moins le talent qui les soutenait. Le *National* alla ainsi pendant quatre ans avec un honnête homme pour rédacteur en chef, M. Bastide ; mais l'honnêteté ne suffit pas dans la défense des doctrines politiques. Vers 1839, M. Armand Marrast s'adjoignit à M. Bastide, et le *National* prit sous sa plume une allure plus chaude et plus décidée. Aujourd'hui le *National* est, sous le rapport du talent de ses rédacteurs principaux, l'un des premiers journaux de la capitale. Le *National* n'a pas plus de trois mille abonnés.

PERSONNEL DE LA RÉDACTION.

Charles Thomas, directeur, ancien marchand de bois, vieux patriote de la restauration. M. Charles Thomas manie mieux l'épée que la plume ; il n'écrit jamais, et se borne à s'occuper des détails de l'administration.

Jules Bastide, rédacteur en chef, de concert avec M. Marrast. M. Bastide, qui a été un homme riche, a fait le commerce des bois avec M. Thomas : nous n'avons rien à dire à cela. Solon, qui descendait des anciens rois d'Athènes, avait bien vendu de l'huile avant de faire des lois pour son pays. M. Bastide écrit chaque jour un article politique. C'est un homme d'un caractère doux et facile, quoique d'une santé très-faible. Nous croyons M. Bastide de bonne foi dans ses opinions; il n'y a pas beaucoup de journalistes dans ce temps-ci dont on puisse faire un si bel éloge.

Armand Marrast, rédacteur en chef, de concert avec M. Bastide, ancien professeur de rhétorique dans un collége du Midi; il a abandonné l'université pour la politique, et il a bien fait. A un homme du tempérament méridional de M. Marrast il fallait les vives émotions du journalisme et les violentes attaques de la polémique. Écrivain chaleureux, élégant et spirituel, il termine chacune de ses phrases par une ironie sanglante. Quand il se prend corps à corps avec un adversaire, il lutte avec une ténacité impitoyable. C'est lui qui rédigeait la *Tribune* lorsque Carrel était à la tête du *National*. Évidemment M. Marrast dans ses articles de la *Tribune* était plutôt l'organe d'un parti qui le poussait que de ses propres opinions. Condamné politique, il trouva le moyen de s'échapper, et se réfugia en Angleterre, où il passa cinq ans. C'est à son retour en France qu'il entra au *National*, et donna une vie nouvelle à ce journal. MM. Marast et Bastide font à peu près tout à eux deux. Les articles de M. Marrast ont un cachet personnel qui les ferait reconnaître entre mille; c'est un adversaire redoutable, qui n'a pas dit son dernier mot, mais qui ne sera jamais qu'un journaliste.

Martin Maillefer, ancien rédacteur du *Peuple souverain*, à Marseille, ancien rédacteur du *Libéral du Nord*, à Douai ; il a écrit pendant assez long-temps au *National*.

Dornès donne quelques articles de jurisprudence.

Degouve de Nuncques, ancien rédacteur du *Journal de Rouen*, qui l'a remercié, ancien rédacteur du *Progrès du Pas-de-Calais*, où il faisait des articles ridicules. M. Degouve de Nuncques, qui tâche de faire le plus de bruit qu'il peut, et qui n'est qu'une impuissante médiocrité, aborde quelquefois l'*entrefilet*, qui n'est imprimé qu'après avoir été revu et corrigé par MM. Marrast ou Bastide. C'est M. Degouve de Nuncques qui envoya en 1835 un cartel à M. Thiers, alors ministre de l'intérieur, et qui traitait de lâche le maréchal Soult. Il a fait la cour à Mlle Rachel, qui l'a éconduit. M. Degouve de Nuncques n'est qu'un journaliste amateur ; ce n'est pas grand'chose sans doute, mais il ferait encore mieux de n'être rien du tout.

Rolle fait les comptes rendus de théâtre. Feuilletonniste spirituel et écrivain élégant. Il ne se mêle jamais à la politique, et pour cause : il est bibliothécaire à l'hôtel de ville.

Forgues. Il signe *Old Nick.* Il travaillait au-
paravant au *Commerce.* C'est M. Forgues qui est
chargé de la partie critique et bibliographique ;
il est méchant, quelquefois trop dur. Chez M. Forgues, c'est un parti pris d'*éreinter* tous les auteurs, et de *démolir* toutes les réputations. Il
travaille aussi à la *Revue de Paris* et fait des
articles très-piquants pour le *Charivari.*

Léon Durocher (Louis Reybaud). Voir le *Constitutionnel.*

Edmond Robinet fait des articles sociaux et
ennuyeux. Il a travaillé au journal le *Monde,* où
il faisait des articles ennuyeux et sociaux. Quelque temps avant la fin du *Monde* (nous voulons
parler du journal), il parut une réclame ainsi
conçue : A dater de ce jour, MM. de Lamennais,
Georges Sand, Lerminier, Pierre Leroux et *Robinet*
cessent de concourir à la rédaction du *Monde.*
Que MM. de Lamennais et Georges Sand ces-
sassent d'écrire dans le *Monde,* cela importait peu ;
mais M. Robinet ! ! !... Aussi le journal disparut
quelques jours après.

En général, la rédaction littéraire du *National*
est assez pauvre ; nous ne voyons que MM. Rolle,
Forgues et Reybaud qui puissent compter pour
quelque chose.

LA PRESSE.

Voilà un journal tout-à-fait excentrique, qui attaque amis et ennemis. La *Presse* lance des boulets rouges contre le *National*, envoie des *bordées* au *Courrier français*, se prend corps à corps avec la *Gazette*, et décharge sur les *Débats* toute la mousqueterie de ses colonnes. La *Presse* est le journal le plus batailleur et le plus taquin ; elle a toujours l'air de retrousser ses moustaches et de mettre flamberge au vent. Par là, sambleu ! messieurs, les journaux, vous me la baillez belle ! la *Presse* vous prouvera quand vous voudrez que vous n'avez pas le sens commun, tous tant que vous êtes ; du moins c'est elle qui le dit tous les jours, et ce qu'il y a de plus étrange, c'est qu'elle dit presque la vérité.

La *Presse* est un journal gouvernemental et ministériel pour le moment ; pourtant elle mêle toujours à son ministérialisme quelques vagues aperçus des doctrines sociales ; on voit au premier aspect que M. de Lamartine a déteint sur sa politique ; elle immole avec une verve et un esprit charmant tous les philanthropes et les marchands de soupes économiques dont nous a inondés le vieux libéralisme inintelligent. C'est un journal à quarante francs, qui a eu jusqu'à vingt-deux mille abonnés, et qui tire encore aujourd'hui douze mille numéros.

En littérature, la *Presse* est l'antipode du *Constitutionnel*.

PERSONNEL DE LA RÉDACTION.

ÉMILE DE GIRARDIN, *rédacteur en chef.*

Que n'a-t-on pas dit sur M. Émile de Girardin, et quel homme en France est plus connu que lui? Spéculateur audacieux, il a tout tenté, et il a presque toujours réussi; c'est lui qui a fait le *Musée des familles*; les *Connaissances utiles*, qui comptaient cent mille souscripteurs; le *Panthéon littéraire*, pour lequel il reçut deux cent mille francs du ministère de l'instruction publique; et vingt autres publications de ce genre. Il a été à la tête d'un grand nombre de sociétés industrielles qui eurent toutes des destinées plus ou moins heureuses...

M. de Girardin, né pauvre et isolé, a mangé plusieurs millions; il a fait et défait plusieurs fois sa fortune. Fondateur et rédacteur en chef de la *Presse*, il s'est mis seul contre tout le monde, et a engagé une lutte terrible avec le journalisme. La mort de Carrel, qu'il tua dans un duel, raviva contre lui toutes les haines du parti radical.

3

M. de Girardin tint bon contre ce déchaînement
général ; attaqué de toutes parts, il fut toujours
sur la brèche de son premier Paris pour riposter ;
il agit dans cette circonstance à la manière de
Mithridate contre Rome : se voyant en butte aux
provocations de tous les partis, il ne se contenta
plus de se défendre sur son propre terrain, et
transporta la guerre sur tous les territoires ennemis ; d'accusé il se fit accusateur, et il accusa
sans pitié ; il déchira du haut en bas le voile qui
cachait le faux patriotisme, et mit à nu les plaies
blanches, rouges et tricolores. M. de Girardin,
ancien député, qui a été et qui est encore l'ami
des ministres, n'a pas la décoration... Il fait beaucoup dans son journal ; son style est mordant et
incisif. Il est l'inventeur de la *Presse* à quarante
francs ; c'est là le vrai motif pour lequel les journaux lui en ont tant voulu.

Pérodeau, ancien rédacteur du *Mémorial
Bordelais*, où il collaborait avec M. Henri Fon-
frède ; il a aussi écrit au *Journal de Paris* doctrinaire, et a été rédacteur en chef du *Moniteur
parisien*, sous l'administration du 15 avril, dont
M. Molé était le chef. M. Pérodeau est l'un des
écrivains les plus abondants de la presse périodique ; c'est un homme remuant et actif, qui a

deux ou trois places en dehors du gouvernement. Il a ses petites entrées chez M. Molé, et voit souvent les ministres; il est du petit nombre des journalistes qui ont un cabriolet et un groom.

Linguet, attaché depuis vingt-cinq ans à la rédaction politique du ministère des affaires étrangères. Il a rédigé la *Presse* sous le ministère Molé. M. Linguet est de l'école de M. Malitourne; il accepte toujours les faits accomplis et crie tour à tour : *Vive le roi! vive la ligue!*

A. Pellier, ancien rédacteur en chef de feu le *Journal général*. Il a long-temps été attaché à la *Presse*, comme collationneur du journal; il faisait aussi la *pièce de bœuf* et *l'entre-filet*. Il écrit maintenant à l'*Univers*.

Dujarrier, gérant; la fortune de M. Dujarrier n'est pas un des faits les moins étranges de ce temps-ci; il a commencé par exercer un modique emploi de douze cents francs par an dans l'administration des *omnibus*. Il a gagné beaucoup d'argent à la Bourse, et a inondé, vers 1835, la place de Paris de ces affaires d'actions qui ont eu une si triste fin. M. Dujarrier n'est ni littérateur ni homme politique; c'est un employé parvenu; cependant il se croit homme de lettres, et se permet de juger du mérite des feuilletons adressés au journal. Il est aussi actionnaire de la *Presse.* M. Dujarrier s'est faufilé à la *Presse.* Il y est entré plutôt par la fenêtre que par la porte. Il sortira probablement par où il est entré.

Madame Emile de Girardin, femme du rédacteur en chef, ci-devant Delphine Gay, surnommée autrefois la *Muse de la patrie.* C'est elle qui signe les *Courriers de Paris*, sous le pseudonyme du vicomte de Launay. Femme de beaucoup d'esprit, auteur de romans et de poèmes estimés. Elle a fait une comédie en cinq actes, l'*École des Journalistes*, que la censure n'a pas laissé représenter.

Labiche, ancien rédacteur du *Nouvelliste,* fait l'article premier Paris.

Madame Sophie Gay, mère de madame de Girardin, auteur d'un grand nombre de romans musqués.

Théop. Gautier, feuilletonniste, l'un des écrivains les plus spirituels et les plus originaux de ce temps-ci. Il a publié *Mademoiselle de Maupin, Fortunio,* les *Jeunes France,* et des volumes de poésies. Le plus chevelu de nos littérateurs, il se promène dans Paris avec un burnous orné de

brandebourgs. M. Gautier est un classicophobe;
il a été l'un des adeptes les plus chauds de l'école
romantique et a fait le coup de poing aux représentations d'*Hernani*, de *Marie Tudor* et de *Lucrèce Borgia*. Il s'est montré à ces représentations
avec un pourpoint en velours rouge.

E. Pelletan, écrivain de talent et de style, qui
a été saint-simonien; c'est lui qui fait les articles signés *Un inconnu*. Auteur d'un livre intitulé *Tribaldo*. De plus, rédacteur en chef de la
France littéraire. M. Pelletan vient de prendre
la rédaction du journal *le Dix-neuvième Siècle*.

Henri Berthoud, conteur froid et filandreux,
qui a pourtant obtenu quelques succès. M. Berthoud excelle dans le récit des légendes flamandes, qu'il a étudiées.

Boutmy, ancien maître d'étude; il a publié
une traduction des auteurs grecs, ce qui ne veut
pas dire qu'il ait jamais su lire le grec. Il a été
mêlé à toutes les entreprises de M. Émile de Girardin, auquel il doit sa fortune. L'un des actionnaires de la *Presse*; publicateur d'un journal ministériel qui parut vers les derniers jours de
l'administration du 15 avril et qui était intitulé
le *Bulletin français*.

Claveau, né à la Guadeloupe, jeune écrivain de talent, qui a longtemps écrit l'article politique à la *Presse* et au *Journal de Paris*. M. Claveau vient de publier une brochure qui fait du bruit dans les journaux et les salons politiques.

Lautour Mézeray, lion sur le retour, qui porte une branche d'arbre à sa boutonnière, en guise de fleur. Grand amateur d'horticulture, ancien rédacteur en chef du *Journal des enfants*. Il a écrit dans la *Presse* quelques lettres qui n'ont pas produit une grande sensation. L'un des arbitres de la destinée des rats et des panthères de l'Académie royale de Musique. Mauvais débiteur qui emprunte souvent l'esprit de ses amis et ne leur rend jamais. Il vient d'être nommé sous-préfet à Bellac.

Nous dirons pour la *Presse* ce que nous avons dit du *Siècle* : on trouvera dans la Biographie des gens de lettres les noms de ses rédacteurs littéraires.

—

LA GAZETTE DE FRANCE.

Organe le plus répandu du parti légitimiste. Quatre mille abonnés. La *Gazette de France*, qui a été le journal ministériel des administrations les plus réactionnaires de la restauration, fait aujourd'hui au gouvernement de juillet une opposition toute libérale. La *Gazette de France* est à coup sûr la feuille la plus radicale qui existe après le *Journal du peuple*. Elle s'appuie sur le suffrage universel, et offre dans l'exposition de ses doctrines un mélange incroyable de royalisme et de républicanisme. C'est un des journaux les plus redoutables qui existent, et celui qui donne le plus d'alarmes au gouvernement. La *Gazette* paraît le soir.

PERSONNEL DE LA RÉDACTION.

M. de Genoude, rédacteur en chef, homme du monde, qui s'est fait prêtre après la mort de sa femme. M. de Genoude fait une guerre terrible à la révolution de juillet, dont il est l'un des ennemis les plus acharnés; il écrit beaucoup dans son journal, et le dirige avec la plus grande activité. Depuis l'avénement de M. Affre à l'archevêché de Paris, M. de Genoude a reçu l'ordre de ne pas prêcher, sous peine d'interdiction. La *Gazette* a été mise à l'index dans les états romains. Cette nouvelle disposition du clergé à l'égard de M. de Genoude pourrait bien pousser le prêtre de la *Gazette* dans la voie schismatique où est entré M. de Lamennais.

De Lourdoueix, censeur sous la restauration, auteur de plusieurs ouvrages auxquels il n'a pas toujours mis son nom. L'un des sinécuristes les plus rétribués de l'ancien gouvernement. C'est un homme d'esprit et un travailleur intrépide ; il est l'un des fondateurs de la *Gazette de France*.

Beauregard fait aujourd'hui les lettres *de la voisine*, qui ont eu tant de retentissement quand elles étaient écrites par M. Bossange.

Bossange, auteur de *Clotilde*, en collaboration avec Frédéric Soulié. Il avait quitté la *Gazette*, et semblait avoir fait sa paix avec le gouvernement ; mais ce n'était qu'une suspension d'armes. M. Bossange combat à l'heure qu'il est plus vigoureusement que jamais.

Nettement, feuilletonniste de talent, qui écrit aussi dans le journal légitimiste la *Mode*.

Brisset s'occupe des articles critiques et bibliographiques ; auteur de plusieurs romans.

Turquéty, poète catholique, qui a commis une quantité de poèmes soporifiques et inconnus. Feuilletonniste de la *Gazette*.

Al. de Calvimont, ancien rédacteur du *Revenant*, a longtemps feuilletonnisé à la *Gazette* ; aujourd'hui sous-préfet de Nontron.

Aubry Foucaut, gérant, se contente de signer le journal.

La *Gazette* ne se fait pas dans ses bureaux, comme les autres journaux : c'est chez M. de Genoude que l'on prépare les articles et les moyens d'attaque. Il y a autour de M. de Genoude une petite église de néophytes qui écrivent sous l'inspiration du grand prêtre. La *Gazette* entretient une correspondance politique avec toutes les gazettes.de la province, auxquelles elle a imprimé une direction unitaire.

—

LE TEMPS.

Le *Temps*, qui s'intitulait il y a quelques années journal du progrès, est pour le quart d'heure l'organe d'une petite fraction du centre gauche. Ce journal a eu une grande réputation littéraire, à l'époque où il était rédigé par M. Jacques Coste; il comptait alors parmi ses rédacteurs Charles Nodier, Loève Weimar et d'autres noms célèbres. Il tomba ensuite dans les mains de M. Conil, ancien avocat de l'île Bourbon, et délégué de cette colonie. M. Conil le vendit à une société; mais on assure qu'il va rentrer incessamment dans son

ancienne propriété. Le *Temps*, qui était *Thier-*
tiste, sous la direction de M. Conil, est aujour-
d'hui le défenseur des intérêts de MM. Passy et
Dufaure. Il n'a que quelques abonnés.

PERSONNEL DE LA RÉDACTION.

Rédacteur en chef, M. de Montrol, ancien rédacteur du *Constitutionnel* et de quelques autres
journaux politiques. Attend une préfecture à
l'avènement de M. Dufaure au ministère.

Eugène Briffaut. M. Briffaut entre dans le bureau du journal, ôte son habit, retrousse les
manches de sa chemise, et se mettant à la quatrième
position : Que faut-il ? faut-il un article premier
Paris, un entrefilet, un feuilleton, des causeries ?
voilà, vous n'avez qu'à parler pour être servi. En
effet, M. Briffaut est l'homme universel du journal : il fait la tartine politique, le feuilleton de
théâtres, les petites médisances spirituelles ; je
crois même qu'il n'est pas tout à fait étranger à
la rédaction du bulletin des modes. Il y a vingt
ans que M. Eugène Briffaut, qu'il ne faut pas
confondre avec l'académicien de ce nom, roule
dans les divers bureaux du journalisme, depuis les
bureaux du *Corsaire* jusqu'à ceux du *Constitu-*
tionnel. Il est de l'école politique des *viveurs* ; il

déjeune, dîne et soupe copieusement. La rédaction de ses articles ne lui coûte pas plus qu'à M. Janin ; sa plume est une locomotive lancée sur le papier ; il fait de la politique et de la littérature à la vapeur.

Charles Merruau, professeur d'histoire au collége Bourbon, écrivain du tiers parti, qui vient de passer au *Constitutionnel* depuis que le *Temps* a abandonné M. Thiers, mais qui reviendra à son ancien journal avec M. Conil. M. Merruau a été le chef du cabinet de M. Cousin, sous le 1er mars.

Paul Merruau, frère du précédent, fait les feuilletons de musique.

Bellangé, rédacteur en chef de la partie littéraire. Il n'écrit que le plus rarement possible. De l'école de M. Desnoyers. sauf les appointements.

Marc Perrin. Voir Marie Aycard au *Courrier français.*

Félix Mornand. (Voir la Biographie des gens de lettres.

Pluchonneau aîné rédige l'article de voyages.

Pour les autres rédacteurs littéraires, voir la Biographie des gens de lettres.

LE COURRIER FRANÇAIS.

Organe de la gauche pure, frère politique du *Siècle;* chef de file, M. Odilon Barrot. Le *Courrier français* a eu pendant vingt ans le même rédacteur en chef, M. Chatelain, mort depuis deux ans; il compte trois mille abonnés; l'une des feuilles les plus influentes.

PERSONNEL DE LA RÉDACTION.

Rédacteur en chef, **Léon Faucher,** ancien rédacteur en chef du *Bien public,* journal hebdomadaire qui n'a pas vécu. C'est un petit jeune homme avec une figure en lame de couteau, qui a plus d'ambition que de talent. Il écrit tous les jours, et il est du nombre de ces journalistes qui font continuellement le même article. M. Léon Faucher, patroné par l'administration du 1er mars, s'est présenté aux électeurs de Corbeil, et il eût été infailliblement nommé si ce collége n'eût été composé que des cinq ou six électeurs qui lui ont donné leurs voix. Malheureusement trois cents électeurs à peu près se sont déclarés pour son concurrent. M. Léon Faucher, non député, continue à *tartiner* de plus belle.

Isidore Guyet, le plus ancien journaliste du *Courrier français*, dans lequel il écrit depuis sa fondation. Il a fait une assez bonne édition des OEuvres de Voltaire. Il est décoré depuis deux ans.

Ad. Blanqui fait au *Courrier français* les articles d'économie politique. Ancien républicain converti, frère d'Auguste Blanqui, compromis dans l'émeute du 12 mai avec Barbès. M. Adolphe Blanqui est aujourd'hui conseiller d'état, décoré, et sur le point d'être nommé gouverneur civil de l'Algérie.

Ed. Monnais a fait long-temps les feuilletons de théâtres. Aujourd'hui, commissaire royal près l'Académie royale de Musique, décoré, auteur de vaudevilles et d'opéras comiques. Il a fait son chemin pour avoir chanté sur tous les tons les grâces et les vertus de Mlle Louise Fitz-James la danseuse.

Mousset, rédacteur en chef du feuilleton, ne fait absolument rien; on n'a jamais vu de sa *copie* au journal.

Eugène Guinot, feuilletonniste, l'un des journalistes les plus spirituels de la capitale; rédige les articles de théâtres et fait des feuilletons. M. Eugène Gninot n'a que le tort de louer jusqu'à

l'exagération Mlle Louise Fitz-James la danseuse.
C'est M. Guinot qui est l'auteur, dans le *Siècle*,
des revues de Paris qu'il signe du pseudonyme
prolétaire de Pierre Durand.

Valentin de Lapelouse, gérant du journal, principal propriétaire, autocrate : il passe sa vie dans
les couloirs des ministères et dans les coulisses
de l'Opéra ; il est le protecteur d'une danseuse
maigre et verte qui s'appelle Mlle Fitz-James. C'est
d'elle qu'un feuilletonniste de beaucoup d'esprit
a dit qu'elle remplirait bien le rôle d'une asperge
dans un ballet de légumes. M. de Lapelouse règne
sur le *Courrier*, mais Mlle Louise règne sur M. de
Lapelouse ; donc en réalité c'est Mlle Fitz-James
qui est le *rédacteur en cheffe* du *Courrier français*.

Marie Aycard fait des feuilletons. C'est lui qui
signe *Marc Perrin* dans le *Temps*. Il a fait des
romans en collaboration avec Auguste Ricard, l'i-
mitateur de Paul de Kock.

Louis Lurine, vaudevilliste, fait des feuilletons
assez spirituels et beaucoup plus présentables
que son nom.

Burez, écrivain de savoir et de mérite, travaille
à l'article *variétés*.

Morin, auteur de feuilletons assez bien faits.

LA QUOTIDIENNE.

Organe des légitimistes modérés, de cette portion des royalistes que les feuilles ministérielles appellent les honnêtes gens du parti. Ce journal a eu une grande réputation autrefois, et il est encore très-bien rédigé aujourd'hui. Il a été fondé par M. Michaud de l'Académie Française. Deux mille abonnés.

PERSONNEL DE LA RÉDACTION.

M. Laurentie, rédacteur en chef, écrivain de la restauration, auteur d'ouvrages religieux et philosophiques; il a succédé dans la rédaction de la *Quotidienne* à M. le baron de Brian. Ses articles ont toujours une portée élevée. On sent l'homme qui n'a pas passé vingt ans de sa vie dans un bureau de journal, à emmailloter les mêmes idées dans les mêmes phrases. Il fait beaucoup, et la *Quotidienne* paraît rarement sans un article de lui. C'est un ami de M. le duc de Montmorency, qui fait de grands sacrifices pour le journal.

Théod. Muret fait l'article politique et le feuil-

leton; auteur de romans assez bons, de vaudevilles passables et de mauvaises comédies. M. Muret est aussi l'un des rédacteurs habituels du
journal la *Mode*.

Poujoulat, collaborateur de M. Michaud. Il a
fait avec cet académicien la correspondance d'O-
rient; il est aussi l'auteur de plusieurs ouvrages
estimables; rédige l'article politique et littéraire.

De Vaugrigneuse, ancien officier de la garde.
Il rédige les nouvelles. M. Vaugrigneuse est en
même temps directeur d'un nouveau journal qui
vient de paraître, la *Flotte*, feuille des intérêts
maritimes.

Lostanges (comte de), gérant du journal, écrit
l'article politique.

Merle, homme de beaucoup d'esprit, journaliste de la vieille roche, l'un des collaborateurs
de la *Pandore* et du *Nain jaune*, au temps où il
y avait encore des *Nains jaunes* et des *Pandores;*
auteur de vaudevilles charmans. C'est le plus
agréable causeur qui existe; il ne vous aborde jamais sans vous raconter une anecdote toute fraî-
che; il a de la malice et de la bonhomie; c'est un
journaliste de savoir-vivre, ce qui n'est pas com-

mun aujourd'hui ; il rédige l'article spectacle et fait un feuilleton hebdomadaire qu'il signe le Causeur. M. Merle a été directeur du théâtre de la Porte-Saint-Martin ; c'est à cette époque qu'il a épousé Mme Dorval. Il accompagna M. le comte de Bourmont à l'expédition d'Alger en qualité de secrétaire.

Leclero, collationneur du journal, collaborateur de plusieures revues.

—

LE MESSAGER.

Journal semi-officiel, qui est la propriété du gouvernement. Ce journal donne les nouvelles officielles et les dépêches télégraphiques vingt-quatre heures avant les autres journaux. Il a été acheté par M. Thiers, alors ministre, pour le compte du gouvernement, à M. de Walewski. Jusqu'à cette époque le *Messager* avait été un organe de l'opposition. Il paraît *le soir*.

PERSONNEL DE LA RÉDACTION.

Rédacteur en chef gérant, M. **Brindeau**, ancien

négociant. Il a dirigé la *Revue de Paris* et la *Revue du dix-neuvième siècle.*

Charles Rabou, écrivain de talent, auteur de plusieurs romans qui ont fait du bruit, *Louison d'Arquien*, *le Pauvre de Montlhéry*, etc., etc... Il fait le feuilleton.

Édouard Thierry, rédacteur de l'article *spectacles;* jeune écrivain de beaucoup de style; qui fait aussi la chronique de la *France littéraire*, et qui écrit dans la *Presse.*

Ch. Ballard, collationneur du journal, fait aussi le feuilleton.

Autres rédacteurs: MM. de Balzac, E. Sue, Frédéric Thomas, Jules Sandeau, etc., dont les noms se trouveront dans la Biographie des gens de lettres.

—

LA FRANCE.

C'est le journal du vieux parti légitimiste, des voltigeurs de 89 et des ailes de pigeon de l'ancien régime. Il ne reconnaît pour roi que Louis-

Antoine, dauphin, qu'il appelle Louis XIX le plus
sérieusement du monde. Ce journal ne compte
qu'un très-petit nombre d'abonnés dont la graine
se perd d'ailleurs chaque jour.

PERSONNEL DE LA RÉDACTION.

Lubiz, rédacteur en chef, auteur d'une Histoire
de France écrite dans les idées légitimistes, a été
arrêté et mis au secret pour l'affaire des lettres. Il
n'est resté en prison que quelques jours ; il a été
relâché comme non coupable.

D'Arlincourt, auteur du *Solitaire*, d'*Ipsiboë*,
et de mille autres publications qui ont fait du
bruit à leur apparition. Inventeur du style retourné et des inversions impossibles. Au journal
la *France* travaille quelquefois le noble vicomte ;
à ses abonnés il jette en pâture de sa pensée les
élucubrations ; la politique quelquefois il aborde,
mais rarement ; M. d'Arlincourt est du talent de
mademoiselle Rachel un admirateur passionné ;
dans les aristocratiques salons la réplique il lui
donne.

Th. Anne, écrivain spirituel, auteur de quelques jolis vaudevilles ; il rédige l'article *spectacles*
avec conscience et avec talent. C'est un officier

de la garde qui manie aussi bien l'épée que la plume. Très-influent... à l'Opéra.

Vicomte Valsh. Voir le journal la *Mode*.

De Montour, gérant, a partagé la captivité de M. Lubiz pour l'affaire des lettres. Il écrit quelquefois. Voir la Biographie des gens de lettres.

MONITEUR PARISIEN.

Ce journal a été long-temps l'organe semi-officiel du gouvernement, qui l'a délaissé pour le *Messager*, l'ingrat! Le *Moniteur parisien*, rendu à sa première destination et privé de la primeur des nouvelles et des dépêches, se contente d'être un journal *de canards*, c'est-à-dire qu'il enregistre tous les petits faits, les petites histoires et les petits accidents qu'il peut se procurer, Il n'aborde plus l'article politique et paraît le soir.

PERSONNEL DE LA RÉDACTION.

M. Baudouin, rédacteur en chef, homme actif qui est partout, va partout, se glisse dans tous les défilés, et que l'on rencontre en même temps dans tous les ministères. M. Baudouin a probablement le secret de se dédoubler : il ferait croire à l'ubiquité. Il a un intérêt dans l'administration des pompes funèbres, et il est un des principaux actionnaires de la *Gazette des tribunaux*. M. Baudouin n'a pas le temps d'écrire ; il récolte seulement les nouvelles, et il s'acquitte de cette besogne en conscience. Il a été décoré sous le ministère Martignac, pour avoir déterré ou pêché des drapeaux tricolores sous le pont d'Iéna ou le pont d'Austerlitz.

Farcy. (Voir le *Moniteur de l'armée.*)

Pérodeau. (Voir la *Presse.*)

L'Héritier. C'est l'homme du journal ; l'un des plus intelligents collationneurs de journaux. Il a été au *Siècle* sous la direction Guillemot. Il fait aussi les articles de théâtre ; c'est un écrivain spirituel.

Le *Moniteur parisien* est un journal de rédaction économique ; il compte fort peu de collaborateurs.

LE GLOBE.

Journal fondé pour défendre les intérêts des colons, qui payent la rédaction. Ce journal est *négrophobe* dans toute la force du terme. On assure que ses rédacteurs se nourrissent de beef-teaks de mulâtresses et d'entrecôtes de nègres. Pour la politique générale, gouvernemental et ministériel.

PERSONNEL DE LA RÉDACTION.

Théodore Lechevalier, rédacteur en chef, colon de la Martinique, qui a fait, dit-on, la traite des noirs, et qui pourtant n'est pas philanthrope ; M. Lechevalier a été précédemment attaché au *Moniteur du commerce*, à la *Presse*, au *Journal de Paris*, et à la *Gazette des Deux-Mondes*. C'est un homme d'entrain et d'esprit, qui a de singulières opinions, s'il en a... Son frère Jules Lechevalier, écrivain d'un grand mérite et ancien saint-simonien, est pour l'émancipation, et s'occupe d'un grand travail sur ce sujet.

A. Granier de Cassagnac, l'un des hommes qui ont fait le plus parler d'eux dans ces derniers temps; ancien rédacteur des *Débats* et de la *Presse*, où il fit sa fameuse campagne contre Racine. Ecrivain de talent et de beaucoup d'esprit, qui se tient mieux que personne en équilibre sur la pointe d'un paradoxe... Quand il fait de la polémique, M. Granier n'écrit point avec une plume, mais avec une massue qu'il brandit sur la tête de ses adversaires : c'est l'un des meilleurs jouteurs du journalisme; mais il ne sait pas s'arrêter à temps, et il manque souvent de tact. Il a été nommé délégué de la Guadeloupe, où il avait été en compagnie de M. de Feuillide; son élection a été annulée. Il est l'auteur de quelques ouvrages dont les journaux ont rendu compte ; c'est le véritable écrivain du *Globe*, qui a pris sous sa plume une physionomie personnelle et originale. M. Granier de Cassagnac est décoré.

Capo de Feuillide. Il a été tour à tour légitimiste enragé et républicain forcené; aujourd'hui il est juste-milieu décidé. M. de Feuillide a parcouru plusieurs fois en dix ans toute la gamme des opinions; il lui suffit d'embrasser violemment une idée pour trouver que celle qu'il quitte est la meilleure. Il a été l'enfant prodigue de tous les partis; que de fois n'a-t-on pas tué pour lui le veau gras de la réconciliation ! mais le lendemain il avait encore déserté le drapeau de la veille; il était occupé à faire l'école buissonnière dans un camp ennemi. Il fut nommé sous-préfet après 1830; mais il ne tint pas dans sa sous-préfecture, et lorsqu'il abandonna son pachalik et son habit brodé, les cloches de l'endroit sonnèrent à grandes volées en signe d'allégresse. C'est lui qui demandait la direction administrative d'un département à un ministre qui ne voulait lui donner qu'une sous-préfecture. « Mais, monsieur le ministre, disait M. Capo, une sous-préfecture, ce n'est pas assez. — Alors prenez-en deux, » lui répliqua l'excellence de mauvaise humeur: M. Capo a été rédacteur de l'*Europe littéraire*, et l'un des collaborateurs les plus violents de la *Tribune*, du *Charivari* et des petits journaux radicaux; la *Tribune* morte, il entra au journal le *Bon Sens*, où il rompit des lances contre la *Presse* à 40 fr. en général et M. de Girardin en particulier. M. Capo de Feuillide voulait absolument tuer le rédacteur en chef de la *Presse*, comme ce dernier avait tué Carrel; en conséquence de quoi, M. de Feuillide se rendit chez M. de Girardin, animé de ces terribles sentiments. Mais il changea d'idées en route, et arrivé au bureau de la *Presse*, il demanda à son rédacteur en chef la permission d'écrire des articles contre les républicains. M. de Feuillide quitta la *Presse* pour aller se promener en Irlande aux frais du ministère du 15 avril. De retour en France, il rédigea en chef la *Revue du dix-neuxième siècle*, qu'il abandonna bientôt pour le *Journal de Paris*, tué sous lui. C'est alors qu'il fit voile pour les Antilles, dont il étudia les coutumes aux frais du ministère du 1er mars. Il revint dans notre beau pays de France, bras dessus, bras dessous avec M. Granier de Cassagnac, et il écrit au *Globe* pour le quart d'heure; mais on assure qu'il va fonder incessamment un nouveau journal. O Gil Blas!

Alphonse Peyra, ancien républicain de l'école de M. de Feuillide. Il a été secrétaire de Carrel. Après la mort de Carrel, M. Peyra obtint de remplir les mêmes fonctions auprès de M. Emile de Girardin. Il fit aussi quelques articles à la *Presse;* il rédige aujourd'hui l'*entre-filet* au *Globe*, après avoir coupé le *fait Paris* au *National*. M. Peyra a voulu faire paraître tous les mois un petit volume dans le genre et le format des *Guêpes;* mais son entreprise n'a pas eu de succès.

LE COMMERCE.

Organe de la vieille gauche, qui n'a pas voulu pactiser avec M. Thiers, et s'est séparée de M. Barrot, sous la conduite de M. Lherbette, à l'époque du ministère du 1er mars. Le *Commerce* a appartenu à différents propriétaires depuis quelques années ; il a été tour à tour la propriété d'une société de colons, de M. Mauguin, du prince Louis Bonaparte ; il appartient aujourd'hui à une nouvelle société. Le *Commerce* a de trois à quatre mille abonnés.

PERSONNEL DE LA RÉDACTION.

Charles Lesseps, rédacteur en chef, ancien secrétaire de M. Mauguin. C'est un homme bilieux et mécontent, qui se met toujours en fureur et voit des mouchards partout ; ennemi intime de M. Thiers et de M. Barrot ; l'adversaire le plus énergique des fortifications de Paris.

Mauguin, député, n'écrit que rarement, mais donne l'inspiration et indique la ligne à suivre. Il a vendu à un prix exorbitant la propriété du *Com-*

merce au prince Louis, qui s'en est défait, assure-t-on, à trois cent mille francs de perte.

Bert, journaliste de la restauration ; homme de conviction, qui est toujours resté journaliste et a vu tous ses anciens amis de la *Presse* se ruer sur les places, les dignités et même les portefeuilles.

Anselme Petétin. (Voir le *Siècle.*)

Massé fait la tartine politique.

Boniface, collationneur du journal, écrit aussi l'entre-filet. Il est au *Commerce* depuis sa fondation.

Jules David, auteur de romans à la vapeur, feuilletonniste ; fait l'article *spectacles*. Écrivain amusant quand il n'endort pas son lecteur. Il a la réputation de ne pas faire toujours les livres qu'il signe.

Mᵐᵉ Marie de l'Epinay, l'un des *bas-bleus* du journalisme, écrit les courriers de mode et de nouvelles. Mᵐᵉ Marie de l'Épinay ferait bien d'emprunter un peu d'esprit au vicomte féminin de la *Presse.*

Judith Cauchois-Lemaire, de la dynastie des Cauchois, fait la *nouvelle*, rédige assez convenablement.

Pour les rédacteurs du feuilleton, voir la Biographie des gens de lettres.

L'UNIVERS.

Journal religieux qui représente la faction du clergé favorable au gouvernement de juillet. Ce journal, patroné autrefois par M. le comte de Montalembert, pair de France, qui s'en est retiré il y a un an, est placé, assure-t-on, sous la protection spéciale de la reine et de Mme Adélaïde; il compte quinze cents abonnés. L'*Univers* ne paraît pas le lundi.

PERSONNEL DE LA RÉDACTION.

Saint-Chéron, rédacteur en chef. Ancien saint-simonien converti au catholicisme. Homme de talent, qui a fait de bons articles dans le *Globe* et dans le *Journal de Paris* doctrinaire. Il a traduit l'*Histoire de la Papauté*, par Ranke. M. de Saint-Chéron a ses entrées libres chez tous les ministres; il est inspecteur général des établissements de bienfaisance.

Louis de Carné, député, écrivain distingué, orateur pâteux, travailleur infatigable; il est l'un des adeptes du parti social dont M. de Lamartine ✗ est le grand prêtre. M. de Carné, qui écrit à l'*Uni-*

vers, est aussi l'un des collaborateurs de la *Revue
des Deux-Mondes.*

Henri Tourneux, ancien saint-simonien converti, fait les articles d'économie politique.

Louis Veuillot, ex-rédacteur de feuilles départementales, auteur des livres religieux : *Les
Pèlerinages suisses; Notre-Dame de Lorette,*
etc., etc... Écrivain mordant et satirique, qui n'a
pas assez de charité chrétienne pour un catholique.

Amédée Pellier, fait l'article *variétés.* (Voir
la *Presse.*)

—

LE CHARIVARI.

Petit journal satirique, qui tourne en ridicule
tous les actes du gouvernement. Le *Charivari*
publie un dessin chaque jour; il compte parmi
ses abonnés un grand nombre de légitimistes;
trois mille souscripteurs. Ce journal rapporte, assure-t-on, cinquante mille francs par an de bénéfices.

PERSONNEL DE LA RÉDACTION.

Taxile Delord, rédacteur en chef, ancien collaborateur du *Sémaphore de Marseille,* ancien rédacteur en chef du *Vert-Vert.* M. Taxile Delord, écrivain spirituel, est parfaitement à sa place à la tête d'un petit journal burlesque et drôlatique.

Laurent Jan, l'un des plus spirituels rédacteurs du *Charivari.* Il a fait avec M. de Balzac la pièce de *Vautrin,* qui n'a eu qu'une seule représentation. M. Laurent Jan n'est pas seulement homme de lettres, il s'occupe surtout de peinture.

L. Couailhac, marchand d'articles économiques, qui fait de tout, qui vend de tout, qui écrit partout; l'un des soutiens obligés de toutes les publications à deux sous la ligne ; il écrit au *Tam-Tam* et est sténographe du *Moniteur parisien.* Il a publié plusieurs romans. (Voir la Biographie des gens de lettres.)

Forgues. (Voir le *National.*)

Achard, pas l'acteur du Palais-Royal; jeune homme d'esprit, qui travaille depuis quelques années dans tous les petits journaux ; ancien secrétaire de M. Floret, qui a été préfet de la Haute-Garonne.

Alphonse Esquiros, aujourd'hui détenu politique à Sainte-Pélagie pour avoir publié l'*Évangile du peuple*, fait au *Charivari* des épîtres en vers.

Louis Huart. (Voir la *Caricature.*)

Lombardy, auteur des *carillons*, c'est-à-dire des calembourgs placés à la fin du journal.

Dutacq, directeur, ancien clerc d'avoué, ancien gérant du journal judiciaire le *Droit*, qu'il a fondé ; ancien gérant du journal le *Siècle*, dont il a aussi été le fondateur. M. Dutacq est l'un des hommes les plus actifs qui existent ; il a été en même temps gérant du *Siècle*, administrateur du *Droit*, directeur du *Charivari*, directeur du théâtre le Vaudeville, directeur de la *Caricature*, du *Figaro*, du *Journal des Enfants*, actionnaire principal d'une imprimerie, actionnaire d'une société pour l'exploitation du bois et du charbon, etc., etc. C'est M. Dutacq qui a découvert M. Chambolle et inventé M. Desnoyers : nous ne le louerons ni pour son invention ni pour sa découverte.

LE CORSAIRE.

Même format et même esprit que le *Charivari.* Il ne publie pas de dessin. Le *Corsaire* a eu autrefois les hommes les plus spirituels pour rédacteurs, mais ce temps est passé.

PERSONNEL DE LA RÉDACTION.

Laurent, rédacteur en chef; écrit au *Corsaire* depuis dix ans; fabricateur de l'article *charge,* et très-fort sur le calembourg.

Virmaître, avocat; il fait des articles très-méchants, qu'il n'avoue pas; il a manqué de se battre plusieurs fois.

Caraguel, jeune homme qui débute.

Audebrand, de l'école de M. Couailhac; il travaille partout où l'on veut admettre sa marchandise.

Viennot, directeur; comme littérateur, M. Viennot est l'inventeur des cheminées capnofuges, que le *Corsaire* a recommandées au public dans ses annonces, ses articles et ses réclames.

COURRIER DES THÉATRES.

Journal consacré exclusivement aux acteurs et aux théâtres.

Charles Maurice, seul rédacteur. Nous copions textuellement sur M. Charles Maurice ce qu'écrivait sur lui un biographe il y a vingt ans. « Fa- » meux pour le coup de poing, auteur de quelques » pièces tombées ; écrivain qui dit du mal de tout » ce qui est bon, afin d'être piquant, de se faire » craindre, et d'avoir un cabriolet d'osier pour re- » tourner le soir à la plaine des Sablons. »

—

L'ÉCHO FRANÇAIS.

Journal reproducteur. Il paraît à dix heures du matin pour pouvoir copier les articles des autres journaux.

Rédacteur en chef : une paire de ciseaux.

Directeur : M. Charles Pellet, attaché autrefois à la *France littéraire.*

Des Essarts fait l'article *spectacles;* lauréat de l'Institut, fait des feuilletons dans divers journaux.

—

L'ESTAFETTE.

Autre journal reproducteur.

Directeur : **Boulé**, homme d'affaires, imprimeur, ancien directeur du *Figaro*, etc., etc.

Chatard coupe les faits et fabrique les nouvelles; ancien rédacteur du *Messager* et du *Journal de Paris*. Il demanda, sous le 1er mars, une sous-préfecture et la croix d'honneur à M. Thiers, qui lui promit tout et ne lui donna rien.

—

L'ENTR'ACTE.

Journal de spectacles et d'anecdotes de coulisses.

Éléonore de Vaulabelle, rédacteur en chef. M. de Vaulabelle, auteur de romans et de poésies,

a reçu dans sa vie une quantité d'épîtres amoureuses de la part de beaux jeunes gens aux cheveux noirs, qui ne le connaissant pas, et jugeant de son sexe d'après le nom féminin d'Éléonore, adressaient des déclarations à la jeune muse
en moustaches, qui se servait de ces galantes missives pour allumer ses cigares.

Thiboust, journaliste centaure, qui se promène sur les boulevarts, grimpé sur un grand cheval bai.

D'Anglemont a fabriqué une dizaine de volumes de poésies. Un jour, un monsieur qui ne
le connaissait pas disait devant lui assez de mal
de l'un de ses ouvrages, et trouvait ses vers détestables. « Vous êtes un insolent, » lui dit M. d'Anglemont. On se dispute, on va se battre ; le monsieur est blessé. « Cela vous apprendra, s'écrie
M. d'Anglemont, à trouver mauvais ce que je fais.
— Parbleu ! lui répond son adversaire, le coup
d'épée que vous venez de me donner ne rend
pas vos vers meilleurs. » Il faut dire que M. d'Anglemont est après tout un homme d'esprit.

GAZETTE DES TRIBUNAUX.

Le plus important des journaux judiciaires. Les actionnaires de cette feuille ont réalisé d'immenses bénéfices. Nombre des abonnés : trois mille.

Paillard de Villeneuve, avocat à la Cour royale, rédacteur en chef, fait les articles de jurisprudence.

Vollis, rédacteur des cancans et des scènes drolatiques. C'est lui qui fait les comptes rendus de la police correctionnelle ; avocat de tous les prévenus et de toutes les prévenues de la conciergerie ; homme de beaucoup d'esprit, qui a toujours voulu rester journaliste. Il tutoie presque tous les gardes des sceaux qui se sont succédé depuis 1830 ; il est reçu chez tous les ministres et chez les hommes les plus considérables de la magistrature, et il n'a pas seulement la croix d'honneur ; il est en outre capitaine de la garde nationale ; c'est le seul honneur qu'il ait voulu accepter. M. Vollis est de l'école des *viveurs ;* il a été et il est encore l'un des habitués de la mère Saguet, qui tient une petite guinguette à la barrière Mont-Parnasse.

James Rousseau aide M. Vollis dans la rédaction des comptes rendus de la police correctionnelle et dans la dégustation des bouteilles de champagne ; homme d'esprit qui a fait partie de la bande joyeuse de la restauration. C'est à lui qu'arriva l'aventure du lampion. Son ami intime, M. Romieu, aujourd'hui préfet de la Dordogne, s'étant attardé avec lui dans les rues de Paris, après un souper copieux, ne trouva rien de mieux à faire que de mettre sur le ventre de M. Rousseau, étendu le long d'une borne, un lampion allumé. Le lampion était un phare préservateur des voitures. M. Rousseau reçut depuis cette époque le surnom de Rousseau Lampion, pour le distinguer des autres Rousseau.

Horace Raisson, de l'école de MM. Vollis et Rousseau, l'un des plus fervens adeptes de la société du *tire-bouchon*, fait les feuilletons judiciaires.

Le vicomte de Cormenin, député, l'auteur des pamphlets si connus, signés du pseudonyme de Timon. Mauvais orateur, mais écrivain mordant et satirique ; ancien royaliste qui a retourné son habit et s'est fait républicain. Fait d'excellents articles et traite savamment les questions de droit.

La *Gazette des Tribunaux* reçoit aussi des ar-

ticles d'un grand nombre de jeunes avocats inconnus.

—

LE DROIT.

Autre journal judiciaire.

Ledru-Rollin, rédacteur en chef, jurisconsulte
estimable, orateur laborieux, avocat médiocre,
député du Mans depuis la mort de Garnier-Pagès,
auquel il a succédé. M. Ledru, autrefois de l'opposition dynastique, est passé au parti radical ; il
siégera à la crête de l'extrême gauche. Il a le travail difficile, et s'enferme tout un jour dans son
cabinet pour accoucher d'un article de deux petites colonnes. C'est le fils du physicien Comus.

Marc Michel fait l'article charge et le compte
rendu de la police correctionnelle, écrit à la *Caricature*, et est l'auteur de quelques vaudevilles à
petit succès.

Bazainerie, l'un des principaux écrivains du
Droit. C'est lui qui est de fait rédacteur en chef
du journal.

JOURNAUX NON QUOTIDIENS.

LE JOURNAL DU PEUPLE.

Journal politique et radical, paraît trois fois par semaine.

Dupoty, rédacteur en chef, ancien rédacteur de la *Tribune* et du *Bon sens*, arrêté préventivement à l'heure qu'il est; impliqué, dit-on, dans l'attentat de Quénisset.

Dubosc, ancien rédacteur de la revue l'*Europe*, auteur de poésies républicaines, travaille très-activement à la politique du journal.

Félix Pyat, auteur dramatique et romancier, littérateur distingué, écrivain vigoureux, homme de convictions. Il a fait *Ango* et les *Deux serruriers*, drame dont le succès a été si grand à la Porte-Saint-Martin. Il a placé en tête de la *Marseillaise*, illustrée par Charlet, une notice remarquable sous le rapport du style. (Voir la Biographie des gens de lettres.)

T. Thoré, littérateur, fait de la critique dans les recueils littéraires et de la politique au *Journal du Peuple;* détenu politique à Sainte-Pélagie.

H. Celliez, avocat, travaille à la partie politique.

—

LA PHALANGE.

Journal de l'école fouriériste, organe des *humanitaires,* paraissant trois fois par semaine.

PERSONNEL DE LA RÉDACTION.

Victor Considérant, l'héritier des doctrines de Fourier, ancien élève de l'école Polytechnique, ancien capitaine du génie, écrivain vif et chaleureux qui combat depuis dix ans pour la rénovation de la société et la fondation d'un phalanstère; auteur de plusieurs ouvrages sociaux et philosophiques.

Thoussenel, écrivain ministériel qui a rédigé des feuilles départementales; ancien rédacteur en chef de la *Paix*, ex-rédacteur de la *Presse;* il a beaucoup travaillé à la *Phalange.* Le gouvernement vient de le nommer, ces jours derniers, sous-commissaire civil à Bouffarick, en Algérie. M. Thoussenel est décoré.

Cantagrel, feuilletonniste de la *Phalange*, auteur d'un livre intitulé : *le Fou du Palais-Royal.*

Raymond Brucker, le type, le prototype, l'archétype de l'humanitaire ; romancier qui a longtemps écrit sous le pseudonyme de Michel Raymond ; écrivain amphigourique qui a été tour à tour saint-simonien, oweniste, phalanstérien, catholique à l'époque où il rédigeait l'*Espérance,* journal religieux, à Nancy, et qui est redevenu phalanstérien plus que jamais.

—

GAZETTE DES THÉATRES.

Paraît deux fois par semaine ; journal des acteurs.

A. Lireux, rédacteur en chef, ancien rédacteur de l'*Indiscret,* qui se publiait à Rouen, du *Journal de Paris,* etc., etc., la terreur des comédiens et des comédiennes. Il vient de publier un journal po-

litique qui s'appelle la *Patrie*. M. Lireux a eu à
Rouen des duels célèbres.

Armand Séville, ancien rédacteur de la *Lor-
gnette* et du *Miroir*, qui se publiaient sous la restauration; auteur d'une Histoire de France abrégée.

Frédéric Thomas, jeune littérateur d'esprit,
qui travaille dans différents journaux.

Aug. Lefranc, vaudevilliste qui s'amuse de
temps en temps à éreinter ses confrères dans le
journal de M. Lireux. (Voir les *Papillotes*.)

J. Arago, frère de l'astronome, rédacteur d'une
quantité de journaux; ancien directeur du *théâtre
de Rouen*; auteur de romans et d'ouvrages de
toutes sortes. Le plus grand faiseur de calembourgs qui existe; il a fait deux ou trois fois le
tour du monde, et a planté sa tente dans tous les
pays; aujourd'hui il est aveugle, ce qui ne l'em-
pêche pas de voir clair dans les travers des gens
et d'écrire dans tous les petits journaux.

Quelques comédiens des théâtres de Paris, Da-
vesnes, Tisserand et autres, envoient de temps en
temps des articles à la *Gazette des Théâtres*.

—

GAZETTE MUSICALE.

Deux fois par semaine.

Maurice Schlessinger, directeur, le perfectionneur du puff et de la réclame, l'éditeur des œuvres de Meyerbeer; c'est lui qui a inventé l'affiche monstre de vingt-deux pieds de long. M. Schlessinger est Allemand et israélite.

Les noms des rédacteurs de la *Gazette musicale* se trouvent dans la Biographie des gens de lettres.

—

FRANCE MUSICALE.

Deux fois par semaine.

MM. Escudier, les deux Siamois de la presse, comme MM. Cognard sont les Siamois du monde dramatique; ils ne marchent jamais l'un sans l'autre, et ils s'attellent toujours tous les deux à un article, fût-il de dix lignes. Ils ont fait le commerce de la librairie à Toulouse; ce sont deux Gascons...

Voir la Biographie des gens de lettres.

LA CARICATURE.

Petit journal littéraire. Une fois par semaine.

Louis Huart, rédacteur ; soldat de la petite presse ; inventeur des physiologies, l'un des rédacteurs habituels du *Charivari*.

—

AUDIENCE.

Journal judiciaire. Paraît une fois par semaine ; c'est de tous les journaux celui qui a le plus cultivé la réclame et l'annonce.

Prosper Millau, rédacteur en chef, propriétaire, juif de Bordeaux, qui excelle à frapper sur la grosse caisse de la réclame.

Tournachon, fait les comptes rendus de la police correctionnelle. M. Tournachon devrait bien prendre un nom plus présentable.

Léo Lespès, qui s'intitule commandeur, et qui n'a pour toute commanderie que le feuilleton de l'*Audience*, est le fournisseur du journal; il trouve à ses nouvelles des titres très-piquants dans le genre de ceux-ci : *le Crapaud amoureux*, *la Sœur incestueuse*, *les yeux verts de la Morgue*, etc., et autres gentillesses aussi récréatives. Il paraît que M. Léo Lespès a été sergent-major avant d'être commandeur.

—

LA SENTINELLE DE L'ARMÉE.

Journal militaire; une fois par semaine.

Charles de Mauduit, ancien capitaine, fait de l'opposition au gouvernement. Ce journal, qui était rédigé par les officiers de l'armée avant l'ordonnance du maréchal Soult qui défend aux militaires d'écrire dans les journaux, est fait presque entièrement par le rédacteur en chef.

—

MONITEUR DE L'ARMÉE.

Journal militaire, ministériel.

Rédacteur, **M. Farcy**, ancien écrivain du *Moniteur parisien* et de différentes feuilles ministérielles.

—

LA SYLPHIDE.

Journal de modes. Directeur, **M. de Villemessant**, homme actif et entreprenant, qui est parvenu à se faire un bon revenu avec son journal fort bien rédigé par des écrivains dont les noms se trouvent dans la Biographie des gens de lettres : MM. de Beauvoir, Sandeau, Gozlan, Guenot Lecointe, Albéric Second, Texier d'Arnout, marquis de Salvo, etc. , etc.

—

TAM—TAM.

Petit journal qui paraît une fois par semaine, et qui a inventé une singulière manière de faire l'annonce. Voici comment il s'y prend. Il publie une nouvelle conçue dans le goût des lignes qui suivent :

Arthur de Sanval sortait un jour de chez Humann (tailleur, rue ... nº ...) ; il avait à la main un jonc de Verdier (rue ... nº ...) ; il se mit à regarder à l'étalage de Susse (place de la Bourse, nº ...) et s'en fut manger des gâteaux chez Félix (rue ... nº ...), etc. Cela se continue deux colonnes durant. Le *Tam-Tam* est un bien habile journal.

Clavel, rédacteur en chef, que l'on a confondu quelquefois avec M. Félix Clavé, dont le nom a figuré dans le procès de Mme Laffarge, fait à peu près tout sous différents pseudonymes. M. Clavel est aussi l'auteur de vaudevilles spirituels.

—

Le *Voleur*, le *Cabinet de lecture* et l'*Écho de la Presse* n'ont pas d'écrivains spéciaux ; ce sont des feuilles reproductrices qui ont une paire de ciseaux pour rédacteur en chef. Ces journaux vivent de pillage. Ce sont les lazzaroni de la presse littéraire.

REVUES.

—

REVUE DES DEUX MONDES.

La plus importante sous le rapport littéraire et politique, paraît deux fois par mois.

M. Buloz, directeur, ancien prote d'imprimerie, qui a fait sa fortune en se mettant au service des ministères. Homme habile et remuant, qui a fondé à lui seul et presque sans argent l'un des principaux recueils périodiques de l'Europe. M. Buloz est décoré et commissaire royal du roi près le Théâtre-Français; c'est l'une des plus agréables sinécures.

Les noms des rédacteurs littéraires de la *Revue des deux Mondes*, dont les principaux sont : MM. Georges Sand, Sainte-Beuve, Gustave Planche, Duvergier de Hauranne, Charles Texier, M. de Musset, Marmier, etc., se trouvent dans la Biographie des gens de lettres.

M. Rossi, pair de France, rédacteur de la chronique politique. Voilà ce qu'écrivait M. Alphonse

Karr dans un numéro des *Guêpes*, à propos de M. Rossi :

M. Rossi est né dans le duché de Massa, sous la domination de l'archiduchesse Marie-Béatrice, c'est-à-dire que M. Rossi commença par être AUTRICHIEN.

En 1808, un sénatus-consulte du 24 mai le fit FRANÇAIS, en réunissant à l'empire tous les états de la maison d'Autriche en Italie, et en enclavant Massa dans un département français.

M. Rossi, qui n'avait pas fait exprès de naître Autrichien ni de devenir Français, sentit le besoin de choisir une patrie ; il quitta les départements réunis pour passer au service d'Italie. Il fit les déclarations et les démarches nécessaires pour être naturalisé ITALIEN, et se fit inscrire en qualité d'avocat près les cours royales italiennes de Milan et de Bologne. Ce fut à Bologne qu'il fixa sa résidence.

En 1814, Bologne fut réclamé par le pape. Mais M. Rossi ne tarda pas à aller joindre Murat. Murat exigeait des Italiens qui passaient dans ses rangs qu'ils abjurassent leur patrie et se fissent naturaliser Napolitains. M. Rossi n'hésita pas à se faire NAPOLITAIN. Ce fut lui qui, avec M. Salfi, fut chargé d'appeler toute l'Italie à un soulèvement contre la domination étrangère.

Après la chute de Murat, M. Rossi quitta l'Italie

6

et passa en Suisse. Là il publia une brochure dans laquelle il disait : qu'il n'avait jamais été et ne serait jamais qu'ITALIEN.

Il fixa sa résidence à Genève, y épousa une femme genevoise, et se fit naturaliser GENEVOIS vers 1820. Il entra même dans les conseils de la république.

En 1830, voyant une révolution en France, une révolution en Belgique, une soulèvement en Pologne et un en Italie, M. Rossi prit ses mesures pour redevenir Italien en cas de succès; mais la révolution italienne ayant échoué, il fut Genevois plus que jamais, et fut membre du conseil d'une constitution fédérale qui embrouilla tellement la question, qu'on y renonça.

Une patrie peut venir tout à coup à manquer ; il est bon d'en avoir toujours une ou deux de réserve.

M. Rossi avait connu M. *de Broglie* à *Coppet;* il avait secondé la politique de la France; ce fut même son rapport sur les affaires suisses, au moment de la révolte des petits cantons, que M. de Broglie fit lithographier pour le communiquer à tous les ministres de France à l'étranger, comme l'exposé de la manière de voir du cabinet français.

M. Rossi était si mauvais *Suisse*, comme vous voyez, qu'il n'avait presque rien à faire pour devenir Français. M. de Broglie et M. Guizot l'appelèrent et lui donnèrent une chaire de droit constitutionnel français. D'abord les élèves s'obstinèrent ; une ordonnance rendit les cours de M. Rossi obligatoires pour les examens de droit. Les élèves alors s'y précipitèrent en foule, mais pour tout casser, pour chanter *la Marseillaise*, et jeter au professeur des pommes cuites et autres. La gendarmerie s'en mêla. Puis, comme tout s'oublie en France assez promptement, la science réelle du professeur triompha des plus rebelles, et son cours est fort suivi. M. Rossi s'est fait naturaliser FRANÇAIS, et il fait partie de la dernière fournée de pairs.

M. Guizot disait hier à quelqu'un : «Voyez Rossi, il s'est confié à moi, et voilà où je l'ai conduit en trois ans. »

Pour M. Rossi, après avoir été tour à tour AUTRICHIEN *par hasard*, FRANÇAIS *par accident*, ITALIEN *par étourderie*, PAPALIN *momentanément.*, NAPOLITAIN *par humeur guerrière*, et GENEVOIS *par amour*, il est aujourd'hui et définitivement FRANÇAIS *par raison.*

« En effet, dit-il, la véritable patrie est le pays où l'on a une bonne chaire à l'Institut, de bons appointements, de bonnes dignités. J'ai essayé de tous les pays, et, comparaison faite, j'en reviens à la France ; les autres *Français* sont Français par hasard, peut-être malgré eux ; moi, je le suis par choix et après un mûr examen. »

—

REVUE DE PARIS.

Paraît tous les dimanches.

M. Bonnaire, directeur. Ancien libraire, qui a fait sa fortune comme M. Buloz.

Les principaux rédacteurs littéraires sont MM. Léon Gozlan, Jules Sandeau, Paul de Musset, Alphonse Karr, Alexandre Dumas, etc., etc. (Voir la Biographie des gens de lettres.)

M. Lerminier, rédacteur de la chronique politique ; ancien républicain qui a été soudainement illuminé par M. Molé et s'est converti au juste-milieu. Écrivain socialiste et humanitaire qui a du talent. Décoré. Professeur au collége de France, où il ne professe plus ; maître des requêtes au conseil d'état ; auteur de livres philosophiques très-estimés, entre autres les *Lettres à un Berlinois*. M. Lerminier a abandonné son cours du collége de France, parce que les étudiants lui jetaient des trognons de pommes et autres projectiles en guise de protestation contre son apostasie.

—

REVUE DU SIÈCLE.

Paraît tous les huit jours.

Saint-Priest, directeur, a fait tous les métiers, mais n'en est pas plus riche. Il n'a pas eu le bonheur de MM. Buloz et Bonnaire.

Martin d'Oisy, rédacteur de la chronique. Il écrit partout où il peut écrire, et se présente à tous les renouvellements de la législature au collége de Pithiviers, où il obtient régulièrement cinq ou six voix. Cette minorité imposante suffit à son ambition.

—

LA MODE.

Journal de modes et politique. Paraît tous les dimanches.

M. Walsh, ancien directeur d'un bureau de

poste aux lettres sous la restauration ; ancien rédacteur en chef de la *Gazette de Normandie*, qui n'a pas vécu.

M. Walsh fils fait les pèlerinages à Bourges et à Goritz, et raconte dans ses lettres la vie intérieure des princes exilés.

Nettemant. (Voir la *Gazette de France*.)

LA FRANCE LITTÉRAIRE.

Paraît tous les quinze jours.

Challamel, directeur. Dessinateur qui écrit ; il signe Jules Robert.

Les principaux rédacteurs sont : MM. Eugène Pelletan, Callemard de Lafayette, Alphonse Esquiros, Alfred Michiels, Édouard Thiéry, Roger de Beauvoir, etc., etc., dont les noms se trouvent dans la Biographie des gens de lettres.

LES GUÊPES.

Petit livre mensuel.

M. Alphonse Karr, unique rédacteur; l'un de nos plus spirituels écrivains; auteur de romans très-connus, *Sous les tilleuls*, *le Chemin le plus court*, *Fa-dièze*, etc., etc. La personnalité et l'excentricité de M. Alphonse Karr ne lui permettaient plus d'écrire dans aucun journal, parce que chaque journal est l'organe d'un parti, et que lui ne voulait être que l'organe du bon sens et de ses idées; voilà pourquoi il a été obligé de fonder ses *petits livres*, dont le succès a été immense. Pour de plus amples détails, voir la Biographie des gens de lettres.

LES NOUVELLES A LA MAIN.

Petit livre mensuel.

Nestor Roqueplan, unique rédacteur. Ancien rédacteur en chef du *Figaro*, ancien gérant de la *Charte de* 1830; écrivain spirituel, conteur agréable, frère du peintre Camille Roqueplan. Il est décoré. On assure que MM. Gozlan et Malitourne ne sont pas étrangers à la rédaction des *Nouvelles à la main*. M. Nestor Roqueplan fait partie des lions et de la loge infernale de l'Opéra.

—

LA FLOTTE.

Journal des intérêts maritimes. Paraît trois fois par mois.

De Vaugrigneuse, directeur. (Voir la *Quotidienne*.)

De la Landelle, rédacteur. Ancien officier de marine, qui fait avec succès de la littérature depuis un an.

—

FRANCE MARITIME.

Paraît tous les huit jours.

A. Gréhan, directeur, sous-chef de bureau au ministère de la marine; fils d'un officier supérieur du génie maritime; homme d'esprit et plein de bienveillance pour les artistes et les hommes de lettres.

Hennet de Kesleer, rédacteur en chef; collaborateur actif et spirituel; écrivain de talent qui a beaucoup voyagé. Il est décoré de l'ordre du Christ de Portugal pour un fait honorable.

La *France Maritime* a été rédigée autrefois par M. Jules Lecomte, auteur de romans assez connus, qui a été obligé de faire un petit voyage en Belgique pour des raisons.... de sûreté personnelle. (Voir, pour M. Jules Lecomte, la Biographie des gens de lettres.)

—

L'ARTISTE.

Ce recueil, fondé par M. Ricourt, l'ami des artistes en général et de M. Janin en particulier, est d'une grande beauté. Le personnel de sa rédaction est assez distingué sous le rapport littéraire.

Delaunay, directeur.

L. Batissier, collaborateur actif. Il a travaillé avec feu Allier à l'*Ancien Bourbonnais* et à l'*Art en province*, deux publications remarquables.

Jules Janin, (Voir les *Débats*.)

Arsène Houssaye. (Voir la Biographie des gens de lettres.)

M. Lucas. (Voir le *Siècle.*)

Chaudes-Aigues, ne le confondez pas avec le chanteur de romances qui porte ce nom ; il écrit aussi à la *Revue de Paris*. M. Chaudes-Aigues, sur le compte duquel on trouvera des détails intéressants dans la Biographie des gens de lettres, est l'exécuteur des hautes œuvres de cette dualité tyrannique qui s'appelle Buloz et Bonnaire.

La Biographie des gens de lettres contiendra les noms des autres rédacteurs de l'*Artiste*.

—

LE MONDE DRAMATIQUE.

Journal de théâtres, qui a été fondé par MM. Gérard de Nerval et Bouchardy.

Emmanuel Gonzalès, rédacteur en chef ; ancien rédacteur du *Juif errant*, qui n'a paru qu'une fois ; auteur de romans plus ou moins connus ; il fait des nouvelles dans le *Siècle* et des vaudevilles pour le Palais-Royal.

Molé-Gentilhomme, collaborateur inévitable de M. Gonzalès, avec lequel il a composé des romans et des couplets.

LES PAPILLOTES.

Nouveau journal littéraire de cancans et de coulisses.

M. Auguste Lefranc, rédacteur en chef. Jeune vaudevilliste, qui a fait des pièces de théâtre spirituelles ; rédacteur de tous les petits journaux qui s'occupent de spectacles.

Eugène Labiche, collaborateur de M. Lefranc ; c'est un jeune homme riche, qui fait de petits romans et de petites pièces ; c'est pourtant un garçon d'esprit.

Marc Michel. (Voir le *Droit.*)

Auguste Pourrat. M. Pourrat est le fondateur de quatre ou cinq journaux, qui ont tous vécu à peu près ce que vivent les roses. Il a fait tour à tour l'*Essor*, le *Chérubin*, la *Revue de France*, etc., etc. Il a fait en dernier lieu la *Vogue* qui n'en a pas eu plus que les précédentes publications.

REVUE BRITANNIQUE.

Recueil mensuel, qui reproduit en français les articles des journaux et des revues anglaises.

Amédée Pichot, ancien médecin; auteur de *Charles Édouard*, du *Perroquet de Walter Scott*, etc.; ancien rédacteur en chef de la *Revue de Paris*, où il signait sous le pseudonyme de Pikerschill Junior; ancien rédacteur en chef de l'*Impartial*, tué sous lui, etc., etc. C'est l'ennemi intime de M. de Balzac. Dans un certain monde, une *pichotade* signifie une naïveté.

Les collaborateurs de la *Revue Britannique* se retrouvent dans la Biographie des gens de lettres.

—

REVUE INDÉPENDANTE.

Cette Revue est radicale. Elle paraît dans le format de la *Revue des deux Mondes*, et deux fois par mois.

Pierre Leroux, rédacteur en chef, ancien rédacteur du *Globe philosophique.* Il a rédigé aussi le *Globe saint-simonien.* Auteur de l'*Encyclopédie*, en collaboration avec Jean Renaud. M. Pierre Leroux est un homme d'un très-grand talent, et d'un caractère probe et sévère ; la critique n'a rien à reprendre dans cette austère existence. Dans les commencements où ils publiaient l'*Encyclopédie*, on assure que MM. Leroux et Renaud *composaient* eux-mêmes leur ouvrage, parce qu'ils ne pouvaient pas, faute d'argent, trouver des typographes. M. Pierre Leroux a connu intimement tous les hommes qui sont passés au pouvoir depuis dix ans ; mais il n'a jamais rien voulu accepter. Il est l'auteur d'un grand nombre d'écrits philosophiques très-estimés.

Georges Sand, pseudonyme littéraire de Mme la baronne Dudevant, sous lequel elle a écrit ses romans connus de tout le monde, *Indiana, Valentine, Lélia*, etc., etc. Mme Sand ou Dudevant, comme on voudra l'appeler, a écrit long-temps à la *Revue des deux Mondes ;* mais il paraît qu'elle vient d'abandonner ce recueil, à la suite de démêlés avec M. Buloz, le directeur.

Louis Viardot, écrivain du *Siècle*, traducteur de Cervantes, ancien directeur du théâtre Italien. Talent estimable. Il a épousé Mlle Pauline Garcia, la sœur de la Malibran.

H. Fortoul a écrit à la *Revue des deux Mondes*
et au journal le *Droit*. Écrivain socialiste et pé-
dantesque, professeur d'une littérature quelconque à la Faculté de Toulouse. M. Fortoul est un
génie avorté. On l'avait annoncé, il y a six ans,
comme l'une des constellations de l'époque ; mais
ce n'était qu'une étoile filante.

Rolle. (Voir le *National.*)

Agricole Perdiguer, compagnon du devoir,
qui a écrit un livre assez remarquable sur le
compagnonnage. C'est avec les notes fournies par
M. Perdiguer à Mme Sand que cette dernière a
fait son roman du *Compagnon du tour de France.*
M. Perdiguer est plâtrier, et socialiste. Il gâche
des articles politiques, et fait tout ce qui con-
cerne son état.

Autres collaborateurs, des menuisiers, des cor-
donniers et des gens du monde.

—

RÉVUE DU PROGRÈS.

Autre recueil radical. Paraît tous les mois.

Louis Blanc, rédacteur en chef, ancien rédacteur en chef du *Bon sens*. Jeune homme de talent, qui a beaucoup travaillé l'économie politique. M. Blanc est d'une taille microscopique. Il va beaucoup dans le monde, et a la fureur de valser avec les grandes femmes.

———

Outre les journaux que nous avons cités, Paris vomit encore une grande quantité de publications, soit mensuelles, soit hebdomadaires, dont les noms suivent :

Affiches parisiennes et départementales; l'Agriculteur; l'Album; l'Ami de la Jeunesse; l'Ami de l'Enfance; Annales scientifiques et administratives de l'Agriculture française; Annales de Chimie et de Physique; Annales de la Chirurgie française et étrangère; Annales de Flore et de Pomone; Annales de l'Agriculture française; Annales de la Législation et de la Jurisprudence; Annales de la science des Juges de paix; Annales de la Société royale d'Horticulture, Annales de la Typographie française et étrangère; Annales de la Philosophie chrétienne; Annales de l'Institut d'Afrique; Annales des Contributions indirectes et des Octrois; Annales des Jardiniers amateurs; Annales de Chimie et Physique: Annales des Mines; Annales des Ponts et Chaussées; Annales des Sciences naturelles; Annales d'Hygiène publique; Annales françaises et étrangères d'Anatomie et de Physiologie; Annales maritimes et coloniales; Annales pratiques du Droit administratif; Annales théoriques et pratiques du Droit commercial; l'Annonce; Archives du Christianisme au dix-neuvième siècle; Archives du Commerce; Archives générales de Médecine; Archives israélites de France; l'Armée; l'Assureur des Récoltes; l'Atelier; Aujourd'hui; l'Avant-Scène; l'Avocat du Peuple; le Bibliographe; Bibliographie de la France; Bibliothèque historique militaire; le Bon Ton; la Brodeuse; Bulletin annoté des Lois; Bulletin bibliographique; Bulletin chirurgical; Bulletin bibliographique de la Librairie Hachette; Bulletin colonial; Bulletin de l'Académie royale de médecine; Bulletin de la Société d'Encouragement; Bulletin de la Société de Géographie; Bulletin de la Société géologique de France; Bulletin de la Société d'Histoire de France; Bulletin de la Société pour l'Instruction élémentaire; Bulletin des Contributions directes et du Cadastre; Bulletin des Salons; Bulletin dramatique; Bulletin des Bibliophiles; Bulletin du corps des Officiers de santé; Bulletin général de Thérapeutique; Bulletin industriel des Cours de la Banque; Bulletin officiel de l'Instruction primaire; Bulle-

tin officiel du Ministère de l'Intérieur; Bulletin
officiel du Ministère du Commerce; Bulletin universel des Sciences et de l'Industrie; Bulletin uni-
versitaire; le Colifichet; Collection complète des
Lois, Décrets, Réglements et Avis du Conseil
d'État; le Compilateur Omnibus d'Annonces; la
Concurrence; le Confident des Dames; le Conseil
des Notaires; le Contrôleur de l'Enregistrement;
les Coulisses; le Courrier d'Annonces-Affiches; le
Courrier des Communes; le Courrier des Marchés;
Cours de la Banque et de la Bourse; la Critique;
le Cultivateur; le Cure-Dents; le Dilettante des
Salons; le Dimanche; l'Écho; l'Écho de la Littérature et des Beaux-Arts; l'Écho de l'Instruction
publique; l'Écho des Écoles primaires; l'Écho des
Imprimeurs; l'Écho des Marchés; l'Écho des Néo-
thermes; l'Écho dramatique; l'Écho du Commerce; l'Écho du Monde savant; l'Éclair; l'École
des Communes; les Écoles; l'Éducation; l'Élégant; l'Encyclopédie universelle d'Ornements de
toutes les époques et de tous les pays; l'Enseigne-
ment; l'Esculape; l'Espérance; l'Estafette des
Modes; l'Expérience; l'Exposition; la Fashion; le
Follet; la France administrative; la France dé-
partementale; la France industrielle; la Gastro-
nomie; la Gazette des Écoles; Gazette des Loca-
tions; la Gazette médicale de Paris; Gazette
spéciale de l'Instruction publique; le Gratis;

l'Horticulteur universel; le Guide des Employés de l'Enregistrement; Hygie; l'Iconographie; l'Indépendant; l'Indicateur parisien; l'Industrie; l'Institution sans maîtres; l'Institut; l'Instituteur; Journal asiatique; Journal de Chimie médicale, de Pharmacie; Journal de l'Académie; Journal de l'Industrie agricole; Journal de la Doctrine hahnemanienne; Journal de la Gendarmerie; Journal de la Langue française en général; Journal de la Magistrature et du Barreau; Journal de la Marine; Journal de la Réforme électorale; Journal de la Société de la Morale chrétienne; Journal de l'Enregistrement et des Domaines; Journal de l'Industriel et du Capitaliste; Journal de l'institut historique; Journal de Médecine et de Chirurgie pratique; Journal de Médecine vétérinaire; Journal de Pharmacie et de Sciences accessoires; Journal de Procédure; Journal de Vaccine; Journal des Armes spéciales; Journal des Artistes; Journal des Arts agricoles; Journal des Assurances; Journal des Avoués; Journal des Beaux-Arts; Journal des Chapeliers; Journal des Chasseurs; Journal des Comices agricoles; Journal des Communes; Journal des Connaissances médicales; Journal des Connaissances médico-chirurgicales; Journal des Connaissances nécessaires; Journal des Connaissances usuelles et pratiques; Journal des Connaissances utiles; Journal des Conseils de fabrique; Journal des Conseillers municipaux; Journal des Contributions indirectes et des Douanes; Journal des Demoiselles; Journal des Enfants; Journal des Femmes; Journal des Fabricants d'étoffes façonnées; Journal des Haras; Journal des Huissiers; Journal des Jeunes personnes; Journal des Journaux; Journal des Marchands Tailleurs; Journal des Missions évangéliques; Journal des Notaires; Journal des Peintres en bâtiments et en décors; Journal des Savants; Journal des Sciences militaires; Journal des Sciences physiques et chimiques; Journal des Tailleurs; Journal des Travaux de l'Académie de l'Industrie; Journal de Vaccine et de Maladies des Enfants; Journal du Droit criminel; Journal du Magnétisme animal; Journal du Notariat; Journal du Palais; Journal général d'Affiches; Journal général de l'Instruction publique; Journal général de la Littérature française; Journal officiel des Gardes nationales; Journal-Programme des Spectacles; Journal spécial des Justices de paix; Jurisprudence générale du royaume; Jurisprudence du Notariat; la Lancette française, le Législateur général théorique et pratique; le Lien; le Lithographe; le London and Paris observer; Longchamp; Magasin pittoresque; Magasin de Zoologie; le Magasin Wesleyen; le Mémorial des Beaux-Arts; Mémorial des Percepteurs et des Re-

·ceveurs des communes , des hospices, etc., etc. ;
le Mémorial du Notariat; le Mémorial ; le Menes-
trel; le Messager du Commerce ; la Mode parisienne; le Moniteur de la Propriété; le Moniteur
des Entreprises, Marchés et Travaux publics; le
Moniteur des Théâtres; le Moniteur industriel; le
Moniteur judiciaire; le Musée des Modes ; le Musée du Dessinateur de fabrique; le Musée des Familles; le Narcisse et l'Observateur; le Nouveau-
Monde; la Nouvelle Jérusalem ; Nouvelles Annales
du Muséum d'Histoire naturelle; Nouvelles Archives du Commerce; Nouvelliste universel; l'Observateur musical; l'Office de Publicité; l'Om-
nium; l'Oriflamme des Modes; Paris and London;
le Passe-Temps des Voyageurs sur le chemin de
·fer ; Petit Courrier de la Halle; le Petit Courrier
des Dames; le Petit Courrier du Commerce; Petites
Affiches de l'Instruction publique; le Petit Moniteur de Goritz; la Police littéraire; le Pont-Neuf;
le Presbytère; le Progrès des Modes ; la Propa-
gande ; le Propagateur des Modes ; Psyché; la Publicité; Recueil de la Société polytechnique; Recueil de Médecine vétérinaire pratique; Recueil
des Arrêts du Conseil; Recueil général des Lois et
·Arrêts en matière civile, etc. ; Revue administrative: Revue agricole; Revue de Bibliographie
analytique; Revue catholique; Revue critique des
·Livres nouveaux; Revue critique et rétrospective de

la Matière médicale spécifique ; Revue d'Auvergne ;
Revue de Législation et de Jurisprudence ; Revue
des Spécialités ; Revue des Tribunaux ; Revue ec-
clésiastique ; Revue et Gazette des Théâtres ; Revue
étrangère et française de Législation ; Revue générale de l'Architecture et des Travaux publics ;
Revue générale biographique et littéraire ; Revue
historique de la Noblesse ; Revue médicale française et étrangère ; Revue mensuelle des Comices
agricoles ; Revue orientale ; Revue parlementaire
et administrative ; Revue progressive d'Agriculture et Jardinage ; Revue scientifique et industrielle ; Revue zoologique ; la Revue populaire ;
le Sabbat musical ; le Samedi ; le Spectateur militaire ; la Synthèse ; le Technologiste ; Théorie de
l'Art du Tailleur ; l'Université catholique ; le Véritable Assureur des Récoltes, et d'autres feuilles
encore plus inconnues.

—

OFFICES DE PUBLICITÉ.

Outre les journaux qui se publient à Paris, la
France jouit encore de quatre à cinq cents feuilles
périodiques, lesquelles sont publiées dans les départements. Le journaliste départemental, à d'ho-
norables exceptions près, est de sa nature un être

excessivement paresseux ; il fume, se promène, joue considérablement au billard, mais rédige rarement. Il reçoit tous les matins de Paris une correspondance qui lui apporte articles politiques et littéraires, entrefilets, *faits Paris* et causeries de salon, il n'a qu'à choisir ; la paire de ciseaux fait le reste.

La correspondance Delaire est sans contredit la plus répandue et la plus considérable de toutes. M. Delaire, qui reçoit des courriers de toutes les parties de l'Europe, qui occupe chez lui des traducteurs de toutes les langues, expédie aux journaux ses feuilles lithographiées. M. Delaire est plus particulièrement le correspondant des journaux contitutionnels français et le correspondant presque exclusif de tous les journaux étrangers.

M. Degouve de Nuncques (voir le *National*) fait aussi une correspondance radicale, mais il n'a aucun des moyens si nombreux de la correspondance Delaire. Il ne reçoit aucun courrier et se contente d'expédier l'anecdote et la tartine politique.

M. Lepelletier-Bourgoing fait aussi une correspondance pour les journaux modérés. M. Lepelletier-Bourgoing a vendu son office de correspondance.

M. de Vigny, autre correspondant.

Ainsi, en réalité, ce sont MM. Delaire, de Vigny et Degouve de Nuncques, qui sont les rédacteurs en chefs des journaux de province. Cependant les départements possèdent quelques journalistes de mérite et de talent, et des journaux très-bien faits. A Rouen, MM. Rivoire, rédacteur du *Mémorial de Rouen;* M. Casavan, ancien saint-simonien, rédacteur du *Journal de Rouen.*

A Bordeaux, M. Solar, ancien vaudevilliste, aujourd'hui rédacteur du *Courrier de la Gironde;* M. Solar se pose comme l'héritier des doctrines politiques et de M. Henri Fonfrèdre.

A Marseille, le poète Méry écrit au *Sémaphore.* Le *Sud* a aussi un écrivain de talent, M. Berthot, qu'il ne faut pas confondre avec M. Berthaud, l'imitateur de Barthélemy.

Parmi les journaux les mieux rédigés de la province, nous citerons le *Courrier de Lyon,* le *Mémorial Bordelais,* le *Journal du Havre,* rédigé par M. Édouard Corbière, l'auteur des romans maritimes; le *Journal de Caen,* dont la rédaction a été confiée à un jeune écrivain de talent, M. Henry Fissont; le *Journal de l'Aube,* à la tête duquel se trouve M. Charles Blanc, frère du rédacteur en chef de la *Revue du Progrès.* L'*Ami de la Charte,* dont le rédacteur est M. Émond

Neveu ; le *Progrès* et le *Courrier du Pas-de-Calais*, rédigés l'un par M. Frédéric de Georges, l'autre par M. Pradoux. La *France Méridionale*, l'*Émancipation*, le *Mémorial de Rouen*, l'*Écho du Nord*, l'*Alsace*, le *Breton*, etc., etc., etc.

———

Parmi les revues, nous citerons la *Revue du Nord*, la *Revue de Rouen*, la *Revue du Midi*, etc.

JOURNAUX FRANÇAIS

PUBLIÉS A L'ÉTRANGER.

Le *Courrier de l'Europe*, journal qui paraît à
Londres, hebdomadaire. Le rédacteur du *Courrier de l'Europe* est M. Victor Bohain, ancien directeur du *Figaro* à l'époque où le *Figaro* était
écrit par M. Henri Delatouche, qui distribua dans
ce journal de si profondes estafilades, que quel-
ques-unes saignent encore aujourd'hui au visage
de nos célébrités contemporaines. M. Bohain a
aussi été préfet de la Charente après 1830 ; mais
il revint à Paris au plus vite et se lança à perte
de vue dans les spéculations de tous genres. Forcé
d'abandonner la France sa belle patrie, il franchit
le détroit avec la célérité d'un agent de change
en déconfiture et alla fonder dans la capitale britannique une feuille française dont le besoin se
faisait généralement sentir, pour parler comme les
prospectus. Le *Courrier de l'Europe* a réussi, et
il annonce qu'il va devenir quotidien très-inces-
samment.

JOURNAL DE FRANCFORT.

Ce journal a été longtemps rédigé par M. Charles Durand, ex-procureur du roi en Corse, ex-professeur de déclamation, ex-journaliste ministériel sous la restauration, ex-rédacteur en chef du *Capitole*, journal napoléonien, comme chacun sait; aujourd'hui directeur d'un institut oratoire et rédacteur en perspective d'un petit journal qui va paraître et qui s'appellera le *Fou de Charenton*. Le *Journal de Francfort*, qui est écrit en langue française, est un journal de chancelleries. C'est une espèce de terrain neutre où tous les cabinets sèment leur pensée...... moyennant finance. Cette petite feuille reçoit de l'argent de tous les gouvernements despotiques, monarchiques ou constitutionnels.

—

Il y a encore le *Journal de La Haye*, qui marche bien un peu sur les traces du *Journal de Francfort*.

Puis viennent ensuite les journaux de Belgique, dont la nomenclature serait trop longue. Le premier journal de Belgique est l'*Indépendant ;* c'est le Journal des Débats de Bruxelles.

JOURNAUX PUBLIÉS A ALGER.

Akhbar, journal de l'Algérie.
Bulletin officiel des actes du gouvernement.
Moniteur Algérien.

LISTE SUPPLÉMENTAIRE.

LA PATRIE.

Journal quotidien politique à 40 fr. par an.
Ce journal, qui vient d'être publié, défend les idées et les intérêts de la gauche.

Pagès de l'Arriége, rédacteur en chef, député, ancien député du *Courrier Français* et du *Mercure* sous la restauration, rédacteur en chef du *Temps* à l'époque où M. Coste avait la direction de cette feuille. M. Pagès de l'Arriége n'est à proprement parler d'aucun parti politique; il est le grand-prêtre d'une petite église sociale qui ne compte qu'un petit nombre d'adeptes. M. Pagès passe pour un très-honnête homme.

Auguste Lireux. (Voir la *Gazette des Théâtres.*)

Huard de l'Ile Bourbon, ancien journaliste de la *Restauration.* Il a beaucoup travaillé au *Journal de Paris* sous le ministère de Villèle.

Ferdinand Langlé, vaudevilliste qui abandonne les grelots de la folie (vieux style) pour se livrer au culte de la tartine politique. Il a été directeur d'un petit théâtre quelconque. On assure que M. Langlé veut absolument arriver à la chambre. La scène des variétés ne lui suffit plus. Il tient à être l'un des acteurs de la grande comédie représentative.

———

LE DIX-NEUVIÈME SIÈCLE.

A 40 francs.

Ce journal fait concurrence au *Siècle*, frappé à l'heure qu'il est de la maladie du désabonnement. Le rédacteur en chef est M. Eugène Pelletan, dont on a déjà parlé. (Voir la *Presse.*)

JOURNAUX A PARAITRE.

—

L'ÉCLAIREUR.

Journal du soir.

Journal de la gauche, qui doit paraître depuis six mois et qui n'a encore rien éclairé. Rédacteur en chef présomptif, M. Sidney Renouf, ancien rédacteur du *Messager* et du *Siècle*.

———

LA RÉFORME.

A 40 francs.

Journal qui doit aussi paraître incessamment, à ce que dit le prospectus.

———

Paris compte pour le moment 28 journaux quotidiens et 312 journaux, revues, feuilles ou écrits périodiques. Il y a en outre, en province, sans excepter les simples feuilles d'annonces, de 450 à 500 journaux. La France a donc à peu près de 800 à 850 feuilles périodiques ; ce qui est un chiffre fort honnête.

PETIT DICTIONNAIRE.

Amateur. Rédacteur qui ne demande pas le payement de ses articles. Ce n'est pas sur lui que l'on compte pour le succès du journal.

Amis. Les amis du journaliste payent des déjeuners et des dîners, et reçoivent en échange beaucoup de poignées de mains et quelques billets de spectacles.

Article. Faire l'article. Vanter sa marchandise littéraire et politique.

Coup de poing. Faire le coup de poing dans un journal, c'est riposter à un autre journal par lequel on est attaqué, ou l'attaquer soi-même.

Collationneur. Celui qui arrange le journal et coupe les *faits Paris*.

Dépôt. Pour faire rendre compte d'un ouvrage, il faut déposer deux exemplaires à chaque journal et en donner un troisième au rédacteur. Le dépôt reste rarement dans les bureaux du journal. Il ne fait du cabinet de rédaction qu'un saut chez le libraire du coin.

Entrefilet. Petit article que l'on insère entre deux filets.

Faits Paris. Anecdotes, événements de tous genres et de toute espèce.

Pièce de bœuf. On appelait ainsi autrefois dans les journaux politiques le grand article qui ouvre les colonnes du journal. Cela s'appelait aussi *pièce de résistance.* Aujourd'hui on dit plus communément, pour désigner un article de ce genre, *un premier Paris.* Tous les journaux politiques servent chaque matin à leurs lecteurs un premier Paris.

Tartine. Grand article politique. La tartine n'est autre que le premier Paris.

Tartiner. Faire la tartine.

Le nombre en est assez grand. Nous n'a-
vons pas compté parmi les journalistes des
hommes tels que MM. Thiers, Guizot, Ré-
musat et autres hommes d'état, quoiqu'il
leur arrive à l'occasion de faire l'article politique. Les noms de ces écrivains se trouveront dans la Biographie des gens de lettres.

On trouvera aussi dans la Biographie des
gens de lettres les noms des journalistes qui

8

écrivent un peu partout et qui ne se sont bâti un nid nulle part, comme MM. Léon Gozlan, Burette, de Cardonne, etc. Nous parlerons encore des journalistes sans emploi pour le moment, comme MM. Altaroche, Albert Cler, Philippon, Claudon, Alberic Second, etc., etc...

Post-scriptum. M. Altaroche vient, par arrêt de la cour royale, d'être réintégré dans son titre de rédacteur en chef du *Charivari.*

TABLE.

JOUNAUX NON QUOTIDIENS.

REVUES.

JOURNAUX FRANÇAIS PUBLIÉS A L'ÉTRANGER.

LISTE SUPPLÉMENT.

JOURNAUX A PARAITRE.

ÉTRENNES LITTÉRAIRES.

LIVRES ILLUSTRÉS ALBUMS, ET KEEPSAKES.

JULES LAISNÉ, Libraire,
Galerie Véro-Dodat.

Livres d'éducation et de piété.

Reliures en velours, maroquin, moire, etc.,
à des prix modérés.

Alphabets et Livres à Images pour enfants.

PUBLICATIONS PAR LIVRAISONS.

Paroissiens, Livres d'Heures, Eucologes, Missels, Livres de Mariage et de Première Communion.

Bibliothèque Charpentier, Gosselin, Delloye, etc.

COMMISSION EN LIBRAIRIE.

PIÈCES DE THÉATRE.

OUVRAGES DE M. BOUILLY ET DE Mme GUIZOT.

LIVRES ILLUSTRÉS PAR GRANDVILLE.

Fables de La Fontaine. — Gulliver. — Robinson. — Fables de Florian. — Les animaux peints par eux-mêmes.

PANTHÉON LITTÉRAIRE.

OEuvres de Buffon. — Rollin. — Lamartine. — Victor Hugo. — Chateaubriand. — Molière. — Racine. — Corneille. — Voltaire. — J.-J. Rousseau. — Montesquieu. Laharpe. — Thiers. — Ségur. — Barante. — Guizot. — Cousin. — Scribe. — Walter Scott. — Cooper. — Paul de Kock. — Dulaure. — Norvins. — Béranger.

MAGASIN PITTORESQUE. — MUSÉE DES FAMILLES.

*

PHYSIOLOGIES-LAISNÉ-AUBERT.

Il est important de ne pas confondre notre série avec tous ces mauvais petits livres que notre succès a fait naître, et qui n'ont pris le titre de PHYSIOLOGIE *que pour profiter de la vogue dont jouit notre Collection. Chacun des petits volumes que nous annonçons ici contient de 60 à 90 dessins inédits, exécutés par les caricaturistes les plus estimés.*

PHYSIOLOGIE DE L'HOMME MARIÉ, par Paul de Kock, dessins de Marckl. Prix. . . . . . 1 fr. «

— DES AMOUREUX, dessins par Gavarni. Prix. 1 fr. »

— DU CÉLIBATAIRE, par Couailhac, dessins de H. Monnier. Prix. . . . . 1 fr. »

— DE L'EMPLOYÉ, par Balzac, dessins par Trimolet, charmant petit volume. Prix. . . . . 1 fr. »

— DE L'ÉTUDIANT, par L. Huart, dessins par Alophe. Prix. . . . . 1 fr. »

— DE LA LORETTE, par Maurice Alhoy, dessins de Gavarni. Prix. . . . . 1 fr. «

— DU GARDE NATIONAL, par L. Huart, dessins par Trimolet. Prix. . . . . 1 fr. »

— DU TAILLEUR, par le même, dessins de Gavarni. Prix. . . . . 1 fr. »

— DE LA PORTIÈRE, par James Rousseau, dessins de Daumier. Prix. . . . . 1 fr. »

— DE L'ÉCOLIER, par Ourliac, dessins de Gavarni. Prix. . . . . 1 fr. »

— DE L'HOMME DE LOI, dessins par Daumier. Prix. . . . . 1 fr. »

PHYSIOLOGIE DU PROVINCIAL A PARIS. par Pierre Durand (du *Siècle*). Prix. . . . . 1 fr. »

— DU MÉDECIN, par Louis Huart, dessins de Trimolet. Prix. . . . . 1 fr. »

— DE L'HOMME A BONNES FORTUNES, par E. Lemoine, dessins de Janet-Lange. Prix. . . 1 fr. »

—DU THÉATRE, p. Couailhac, dessins de Henri Emy.
1 fr. «

— DU FLANEUR, par Louis Huart, dessins d'Alophe. Prix. . . . . 1 fr. »

— DU BOURGEOIS, texte et dessins de H. Monnier. Prix. . . . . 1 fr. »

— DE LA FEMME MALHEUREUSE, par E. Lemoine, dessins de Vernier. Prix. . . . . . . 1 fr. «

— DU TROUPIER, par Marco-Saint-Hilaire, dessins de Vernier. Prix. . . . . 1 fr. »

— DU VOYAGEUR, par Maurice Alhoy, dessins de Daumier et Janet-Lange. Prix. . . . 1 fr. »

— DE L'ARTISTE, par Albert Clerc, du *Charivari*. Prix. . . . . 1 fr. »

— DE LA PARISIENNE, par Delort, du *Charivari*. Prix. . . . . 1 fr. »

— DU VIVEUR, par James Rousseau, dessins d'Emy. Prix. . . . . 1 fr. »

— DU RENTIER, par Balzac, dessins par plusieurs artistes. Prix. . . . . 1 fr. »

— DU GALOPIN INDUSTRIEL, par E. Bourget, dessins par Daumier. Prix. . . . . 1 fr. »

— DU POÈTE, dessins par H. Daumier. Prix. 1 fr. »

— DE LA GRISETTE, par Louis Huart, dessins de Gavarni. Prix. . . . . 1 fr. »

PHYSIOLOGIE DU BAS-BLEU, par Frédéric Soulié, dessins de Vernier. Prix . . . . 1 fr. »

— **DU CHASSEUR,** par Deyeux, dessins de E. Forest. Prix. . . . . 1 fr. »

— **DU DÉBARDEUR,** dessins p. Gavarni. Prix. 1 fr. »

— **DU FLOUEUR,** par Ch. Philipon, dessins de Daumier. Prix. . . . . 1 fr. »

— **DU DÉBITEUR et DU CRÉANCIER,** par M. Alhoy. Prix. . . . . 1 fr. »

— **DE LA FEMME,** illustrée par Gavarni. Prix. 1 fr. »

— **DE LA PRESSE. BIOGRAPHIE DES JOURNA-LISTES,** vignettes de Marke et H. Monnier. 1 fr. «

— **DES AUTEURS DRAMATIQUES,** vignettes de Markl. Prix. . . . . 1 fr. »

— **DES GENS DE LETTRES,** vignettes de Daumier. Prix. . . . . 1 fr. »

L'ALMANACH PROPHÉTIQUE, tiré à 120,000 exemplaires. Prix. . . . . 50 c.

LA MARSEILLAISE ILLUSTRÉE PAR CHARLET, chant patriotique, paroles et musique de Rouget de l'Isle, accompagnement de piano par Aulagnier, notice littéraire de Félix Pyat, portrait de Rouget de l'Isle d'après David. 17 gravures. 2e édition. Prix. . . . . 50 c.

ROBERT MACAIRE illustré par H. Emy. Prix. 1 fr. »

ALMANACH DE PARIS. Annuaire de 1842, ornée de 100 vignettes de Gavarni, Daumier, H. Monnier, etc. tiré à 100,000 exemplaires. Prix. . . . . . 50 c.

Imprimerie de Mme Doudey-Dupré, rue Saint-Louis, 46.